FINDE DEN JACKPOT-FREUND

(EINE SAMMLUNG VON ARTIKELN, DI DIR HELFEN, EINEN GUTEN MANN ZU FINDEN)

SOFIA MÜLLER

INHALT

1

BLEIB SINGLE, BIS …

… du es verdammt noch mal nicht mehr sein willst. Hör auf, dich unter Druck setzen zu lassen und dich mit jemandem einzulassen, obwohl du es in Wirklichkeit gar nicht willst. Hör auf, darauf zu schauen, was andere tun. Ignoriere es, wenn andere sagen, es sei an der Zeit, dass du dich endlich festlegst. Hör auf, diesem lächerlichen Druck nachzugeben, du *müsstest* etwas tun.

Du musst überhaupt gar nichts tun. Du musst dich nicht in irgendeine Beziehung stürzen, nur weil du die Einzige unter deinen Freunden bist, die noch solo ist. Was bringt es dir letztendlich, wenn du gezwungen bist, deinen „Mr. Right" zu finden? Stell dir nur einmal vor, wie ein solches Leben auf lange Sicht hin aussehen würde!

Das einzig „Richtige" an dieser Beziehung wäre eine sehr schmerzhafte Trennung oder aber – noch schlimmer – ein lebenslanges Elend neben einer Person, mit der du eigentlich gar nicht zusammen sein wolltest.

Was ich hier eigentlich meine und was ich dir verdeutlichen möchte, ist, dass du all das durchmachen musst. Du musst die tiefsten Punkte in deinem Leben erreichen, um die Höhepunkte schätzen zu können, wenn es so weit ist.

Ich weiß, es ist schrecklich und absolut kitschig zu sagen: *„Man muss sich mindestens einmal das Herz brechen lassen!“* Aber was, wenn das die ultimative Wahrheit ist? Dieses Sprichwort ist nicht ohne Grund zu einem Klischee geworden. Die Leute haben es immer wieder gesagt. Warum? Weil es so simpel ist – es ist die Wahrheit.

Um diese Wahrheit zu erfahren, musst du scheiße behandelt werden. Du musst von deinem Thron gestoßen werden und mit eigenen Augen sehen, wie deine Krone auf den Boden fällt und zertrümmert wird. Du musst den Schmerz am eigenen Leib erleben, damit du begreifst, was du nie wieder durchmachen und zulassen willst.

Dann wirst du genau wissen, was du (nicht) willst. Du wirst wissen, warum du Single bist und es im Moment auch sein willst. Und all die mitleidigen Blicke, die dir gelten, werden dir scheißegal sein, ebenso wie die armseligen Versuche, dich mit tröstenden Sprüchen aufheitern zu wollen: *„Es ist okay, du wirst auch noch jemanden finden. Warte es einfach ab!“*

Natürlich wirst du ihn finden, aber nicht *jemanden,* nicht *irgendjemanden.* Du wirst denjenigen finden, auf den du gewartet hast. Also: Entspanne dich, koche dir eine Tasse Kaffee, mach es dir gemütlich und bequem, während ich dir die Wahrheit über den Jackpot-Freund präsentiere, und das in nur sieben, aber saftigen Kapiteln.

BLEIB SINGLE, BIS DU EINEN MANN FINDEST, DER DIESE SIMPLEN DINGE TUT

1. Er fragt dich nach deiner Meinung.

Dieser Mann betrachtet dich bereits als Teil seiner Welt und möchte mit dir über die wichtigsten Dinge in seinem Leben sprechen.

2. Er forciert keinen Sex.

Wenn ein Mann in eine Frau verliebt ist, wird er nichts forcieren, insbesondere keinen Sex. Er wird warten, bis du bereit bist, und dann wird er mit dir auf die sinnlichste Weise Liebe machen, weil er möchte, dass du dich wohlfühlst.

3. Er möchte deine Eltern kennenlernen.

Wenn ein Mann dich liebt, wird er die Menschen kennenlernen wollen, die dich zu der Frau gemacht haben, die du heute bist. Seine Beziehung zu deinen Eltern wird von großer Bedeutung sein und er wird ihnen zeigen, dass er dich bedingungslos liebt.

4. Er wird dich in keiner Weise missbrauchen.

Ein Mann wie er wird dich niemals missbrauchen, weder emotional noch körperlich. Er weiß, was für eine Frau er an seiner Seite hat, und er wird dich niemals enttäuschen. Er wird dich so behandeln, wie du es wirklich verdient hast, und das wird sich nie ändern.

5. Er mag deine Freunde.

Ein Mann wie er weiß, dass deine Freunde schon lange vor ihm ein Teil deines Lebens waren, und deshalb wird er sie wie seine eigenen schätzen. Er wird niemals versuchen, dich von ihnen zu isolieren oder einen Keil zwischen euch zu treiben.

6. Er respektiert dich.

Er respektiert dich als Frau und als Mensch. Er schätzt dich und ist fest entschlossen, alles zu tun, um dich zu erobern. Wenn er merkt, dass du dies in irgendeiner Form erwiderst, und sei es nur ganz geringfügig, bedeutet ihm das die Welt.

7. Er erinnert sich an die kleinen Dinge.

Vielleicht finden es manche Typen nicht besonders wichtig, sich an jedes kleine Detail zu erinnern in Bezug auf die Frau, mit der sie zusammen sind. Tatsache ist jedoch, dass es die kleinen Dinge sind, die am meisten zählen. Ein echter Mann wird sich dessen bewusst sein.

8. Du bist alle für ihn.

Für so einen Mann wirst du die einzige Option sein, das Licht am Ende des Tunnels und die Sonne nach dem Regen. Dein Glück wird ihm wichtiger sein als sein eigenes und er wird immer nur das Beste für dich wollen.

9. Er sagt seine Pläne ab, um mit dir zusammen zu sein.

Wenn du für ihn die wichtigste Person bist, wird er alle seine Pläne canceln, um mit dir zusammen zu sein. Und weißt du, warum? Weil es auf der ganzen Welt keinen Ort gibt, an dem er lieber ist als in deinen Armen.

10. Er hält stolz deine Hand.

Er liebt es, deine Hand zu halten, während ihr beide irgendwo entlangspaziert. Er genießt es, wenn andere zu euch hinsehen und ihr Blick aussagt: *Was für ein fantastisches Paar!* Und wenn er deine Hand in seiner spürt, würde er am liebsten von allen Dächern schreien, wie sehr er dich liebt.

11. Er ist nicht eifersüchtig.

Er ist nicht eifersüchtig, weil er weiß, wie sehr Eifersucht einer Beziehung schaden kann. Deshalb wird er immer versuchen, alles auf eine friedliche Art und Weise zu lösen, und niemals voreilige Schlüsse ziehen.

12. Er möchte dich zum Lachen bringen.

Ein echter Mann wird immer daran interessiert sein, seine Partnerin zum Lachen zu bringen, denn er weiß, dass sich Menschen glücklicher fühlen, wenn sie lachen.

13. Er hört nie auf, sich um dich zu bemühen.

Der richtige Mann wird nie aufhören, sich um dich zu bemühen, weil er weiß, dass er dich verlieren wird, wenn er das tut. Deshalb wird er versuchen, dich zum Lachen zu bringen, dich glücklich zu machen und dich zu verwöhnen. Schließlich hat das doch jede Frau verdient, nicht wahr?

14. Er unterstützt dich in deiner Karriere.

Wenn eine Frau einem Mann wichtig ist, wird er sie bei allem, was sie tut, unterstützen, auch in ihrer Karriere. Und das ist extrem wichtig! Leider gibt es viele Typen, die ihre Ladys bei ihren Jobs nicht unterstützen wollen, weil sie neidisch sind. Wenn du einen Mann findest, der dich hingegen nach Kräften unterstützt, solltest du ihn nie wieder loslassen.

15. Er wird auch die schlimmste Version von dir mögen.

Es stört ihn nicht, wenn du auch mal wie eine Vogelscheuche aussiehst. Er weiß, dass wir alle manchmal Tage haben, an denen es uns nicht so toll geht und wir keine Lust auf nix haben. Aber ein echter Mann wird dich so lieben, wie du bist, weil er das Gesamtpaket liebt.

16. Er wird dich in der Öffentlichkeit küssen.

Ein echter Mann wird sich nie schämen, dich vor seinen Freunden oder anderen Leuten in der Öffentlichkeit zu küssen. Dadurch möchte er dir zeigen, wie viel du ihm bedeutest und dass er überglücklich ist, dich in seinem Leben zu haben.

17. Er sagt dir, dass du schön bist, auch wenn du kein Make-up trägst.

Für ihn spielt es keine Rolle, ob du schick angezogen bist oder ein starkes Make-up und hohe Absätze trägst. Er liebt dein wahres Ich. Er liebt deinen Haarbüschel am Morgen und jede einzelne Falte auf deinem Gesicht. Und er möchte, dass du dich in deiner eigenen Haut wohlfühlst.

18. Er zeigt dir, dass er stolz auf dich ist.

Wenn du etwas Großes erreichst, wird er dir immer sagen, wie stolz er auf dich ist. Er wird immer dein bester Freund sein und dich bei allem, was du tust, unterstützen. Mit ihm wirst du dich fühlen, als hättest du im Lotto gewonnen.

BLEIB SINGLE, BIS DU SO EINEN MANN FINDEST

Bleib Single, bis du einen Mann findest, der alle deine Unsicherheiten verschwinden lässt.

Bleib Single, bis du einen Mann findest, der mit dir stolz durch die Stadt geht.

Bleib Single, bis du einen Mann triffst, der dich küsst, einfach so, weil ihm danach ist.

Bleib Single, bis du jemanden triffst, der mitten in der Nacht an deine Tür kommt, nur um „Ich liebe dich“ zu sagen.

Bleib Single, bis du jemanden triffst, der sich selbst lächerlich macht, nur um dich aus einer peinlichen Situation zu retten.

Bleib Single, bis du einen Mann triffst, der deine Hand nimmt und dich nicht in eine Pfütze treten lässt.

Bleib Single, bis du einen Mann triffst, der seiner Mutter sofort von dir erzählen wird.

Bleib Single, bis du einen Mann triffst, der vor seinen Freunden mit dir prahlen wird.

Bleib Single, bis du jemanden triffst, der dich so, wie du wirklich bist, liebt. Bleib Single, bis du jemanden kennenlernst, der dich nicht ändern möchte.

Bleib Single, bis du jemanden findest, den du unbedingt der ganzen Welt präsentieren willst.

Bleib Single, bis du jemanden findest, von dem du jedes Mal, wenn du an ihn denkst, Schmetterlinge im Bauch bekommst.

Bleib Single, bis du jemanden triffst, der das Letzte ist, was dir durch den Kopf geht, wenn du schlafen gehst, und das Erste, woran du denkst, wenn du aufwachst.

Bleib Single, bis du jemanden findest, der dich anruft, nur um dir zu sagen, dass er dich vermisst.

Er wird dir ein Lächeln ins Gesicht zaubern, selbst wenn dir gar nicht nach Lächeln zumute ist.

Bleib Single, bis du einen Mann findest, der seine Freizeit und seine Hobbys in den Hintergrund stellt, nur weil er sieht, dass du ihn brauchst.

Bleib Single, bis du jemanden triffst, der dich respektiert und dich so behandelt, wie du es verdienst – wie seine Ebenbürtige.

Bleib Single, bis du einen Mann findest, der sein Wort hält. Falsche Versprechungen und leere Worte werden ein Fremdwort für dich sein.

Bleib Single, bis du einen Mann findest, der zu seinen

Fehlern steht. Er weiß, wann und wie er sich entschuldigen muss. Er ist nicht arrogant oder stur.

Bleib Single, bis du jemanden findest, der dich nicht verlieren will. Jemanden, der für dich kämpfen will.

Bleib Single, bis du jemanden triffst, der dich so anschaut, als wärst du die schönste Frau auf Erden.

Bleib Single, bis du einen Mann findest, der dich zu einem besseren Menschen macht. Einen Mann, an dem du wachsen kannst. Jemanden, der dir deine Fehler vor Augen führt. Jemanden, der dir hilft, aus ihnen zu lernen.

Bleib Single, bis du jemanden findest, der dich als Teil seiner Zukunft sieht. Er weiß, wie schwer es war, dich zu bekommen, und er weiß, dass es noch schwieriger sein wird, dich zu behalten. Und er bemüht sich um dich. Er wird nie aufhören, sich um dich zu bemühen. Er liebt dich.

Bleib Single, bis du einen Mann findest, mit dem du strahlst, nur weil du neben ihm stehst. An seiner Seite wirst du dich sicher und geborgen fühlen.

Bleib Single, bis du einen Mann triffst, der dich dazu bringt, nur ihn und niemand anderen zu wollen. Niemals. Einen Mann, den du für den Rest deines Lebens lieben wirst.

Bis dahin: Warte ab. Bleib Single.

DATE JEMANDEN, DEM DU SCHEISSEGAL BIST

Ich meine es ernst. Vergiss alles, was du bisher gelesen hast. Hör auf, auf den richtigen Mann zu warten. Wer weiß, ob er überhaupt kommen wird?

Wenn du mir nicht glaubst, lies weiter. Ich weiß schon, was du denkst, aber ich meine es absolut ernst.

Date jemanden, der dich wie Dreck behandelt, jemanden, dem du scheißegal bist. Date ein richtiges Arschloch!

Suche nicht nach einem Mann, der dir deine Wünsche von den Augen abliest und dir deine Füße küsst. Date keinen Mann, der auch die schlimmsten Seiten an dir liebt. Vergiss das alles!

Wenn du mir immer noch nicht glaubst, dann lies einfach weiter!

Sei mit jemandem zusammen, den alle deine Freunde hassen. Schockiere sie alle mit deiner Wahl. Lass sie denken, dass du den Verstand verloren hast.

Finde jemanden, der dich nie anrufen wird, um dir zu

sagen, dass er dich vermisst. Jemanden, der sich keinen Deut darum schert, ob ihr euch treffen werdet oder nicht. Finde jemanden, dem es egal ist, dass du seinetwegen weinst, jemanden, der sich keine Gedanken darüber macht, was er äußert und ob dies deine Gefühle verletzen könnte. Date jemanden, der keinen Finger krumm machen wird, damit es mit euch beiden klappt, jemanden, der völlig gleichgültig ist.

Finde einen Mann, mit dem du dich wie ein nutzloses Stück Scheiße fühlst. Jemanden, der dich dazu bringt, an dir und deinem Verstand zu zweifeln. Date einen Mann, der sich nie für die Dinge entschuldigen wird, die er dir angetan hat. Jemanden, der kein Interesse an deinem Leben hat und dich als selbstverständlich ansieht.

Vertraue mir, date so einen Mann.

Verliebe dich Hals über Kopf in ihn. Tu so, als wärst du blind für alles, was er dir antut, und rechtfertige sein Verhalten, weil du nicht zugeben möchtest, dass er nichts weiter als ein Stück Scheiße ist. Versuche, ihn zu ändern, und tu so, als würde es funktionieren, obwohl du weißt, dass er nie wirklich jemand anderes werden wird.

Bleib bei ihm und opfere deine eigenen Bedürfnisse und dein eigenes Leben für ihn. Glaube daran, dass er sein Leben ändern wird und dass er dir eines Tages danken und dich für den Rest seines Lebens lieben wird. Verleugne dich ganz und gar selbst!

Liebe ihn, auch wenn er ein Teufel ist. Zeige ihm, dass er dir wichtig ist, wenn er das größte Arschloch auf dem Planeten ist.

Nachdem du das alles getan hast, brich zusammen. Nimm

dir so viel Zeit, wie du brauchst, um zu trauern, und weine so viele Tränen, wie du möchtest. Mach Schluss mit ihm und kümmere dich um dein gebrochenes Herz. Gib dir selbst die Schuld, ein Idiot gewesen zu sein und nicht erkannt zu haben, was für ein manipulatives Arschloch er ist. Gib dir selbst die Schuld, dass du auf seine Tricks hereingefallen bist. Hasse dich selbst, wenn es sein muss, weil du an seine falschen Versprechen geglaubt hast. Denke darüber nach und frage dich, was passiert wäre, wenn du alles anders gemacht hättest. Hasse dich selbst und gib dir selbst die Schuld dafür, dass du zugelassen hast, dass du ihm scheißegal bist.

Genau aus diesem Grund musst du weiterlesen, um zu verstehen ...

Eines Tages wird nichts mehr wehtun. Du wirst die Kraft finden, weiterzumachen. Du wirst die zerbrochenen Stücke deines Herzens aufheben und sie wieder zusammenflicken. Du wirst so gut wie neu sein, bis auf eine winzige Kleinigkeit. Die Erinnerungen an ihn werden dich verfolgen. Du wirst dich an all die Dinge erinnern, die er dir angetan hat. Aber sie werden nicht mehr so sehr wehtun. Sie werden dich daran erinnern, was du durchgemacht hast, und du wirst es nie wieder tun. Sie werden dich an alles erinnern, was du nicht verdient hast.

Du musst jemanden daten, dem du egal bist, denn wenn du mit jemandem zusammen bist, der dich schlecht behandelt, wirst du verstehen, wie du es nicht verdient hast, behandelt zu werden.

Du wirst verstehen, was du wirklich willst und was für einen Mann du an deiner Seite brauchst. Du wirst genau wissen, wonach du suchen musst und mit wem du zusammen sein kannst. Du wirst keine Zeit mehr mit Fuckboys, Manipulatoren und Playboys verschwenden, denn du wirst wissen, wie man sie auf den ersten Blick erkennt.

Du wirst keine Angst mehr vor dem kleinen Mädchen in deinem Inneren haben, das es allen recht machen möchte. Du wirst zu einer stärkeren Person werden, die auf sich selbst aufpassen will. Zu einer, die genau weiß, was sie will und wie sie es bekommen wird.

Date jemanden, dem du scheißegal bist, denn wenn du siehst, wie das ist, wirst du nie wieder jemanden wie ihn in deine Nähe kommen lassen. Du wirst dich nie wieder mit weniger zufrieden geben, als du verdient hast.

2

WERDE SEINE TRAUMFRAU

Jetzt, da du beschlossen hast, so lange Single zu bleiben, wie es dir passt, ist der nächste Schritt auf der Suche nach dem perfekten Freund, seine Traumfrau zu werden! Mach dich so begehrenswert, dass dir kein Mann widerstehen kann.

Warte aber nicht darauf, dass alles von selbst passiert. Glaube nicht, dass du in die Gestaltung deines eigenen Glücks kaum etwas investieren musst. Dazu braucht es viel mehr, als mit den Wimpern zu klimpern und sich in Pose zu werfen – und zwar vieeel mehr. Aber da du schließlich einen Jackpot-Freund willst, wirst du keinen Aufwand scheuen.

Also fangen wir mit der Magie an, okay?

Was du zuerst tun musst, ist, an dir selbst zu arbeiten. Du kannst nicht auf einen perfekten Mann warten und gleichzeitig nichts an dir selbst ändern. Du bist deine eigene größte und wichtigste Investition. Und es gibt immer irgendwelche Verbesserungen, vergiss das nicht. In dem Moment, in dem du anfängst, an deiner Perfektion zu arbeiten, wirst du dich zu jemandem entwickeln, der du werden möchtest.

Jeder Moment deines Lebens ist eine neue Gelegenheit, etwas Neues zu lernen und ein besserer Mensch zu werden. Jeder Moment zählt, also schätze ihn, nutze ihn, so gut du kannst, bis du die bestmögliche Version von dir selbst wirst – bis du eine „Jackpot-Freundin“ wirst. Immerhin muss jeder König eine Königin an seiner Seite haben, nicht wahr?

Jetzt, da du eine echte Traumfrau geworden bist, musst du dich mental auf alles vorbereiten, was passieren wird. Du musst verstehen, dass du es verdienst, dass man dir hinterherläuft. Die Bühne gehört dir. Gehe stolz und selbstbewusst vorwärts und strahle mit dem Glanz der hellsten Sterne.

Ich wiederhole: Du hast es verdient! Du hast all den Respekt und die Aufmerksamkeit verdient, die eine Frau bekommen kann. Du bist so gut, attraktiv, witzig und begehrenswert, dass kein Mann in der Lage sein wird, dir *nicht* hinterherzublicken.

Zeige dieses Selbstbewusstsein mit Stolz und – vor allem – zeig ihm, dass er ernsthaft ins Schwitzen geraten muss, wenn er dich erobern will. Denke daran, Selbstliebe ist der Schlüssel zum Glück, egal ob du Single bist oder nicht. Selbstliebe ist die Grundlage, auf der du ein glückliches Leben aufbauen wirst.

Und so wird’s gemacht ...

EIGENSCHAFTEN EINER „JACKPOT"-FREUNDIN (LAUT MÄNNERN)

Hast du das Zeug dazu, eine perfekte Freundin zu sein?

Frauen glauben irrtümlicherweise oft, dass sich Männer superheiße Models als Freundinnen suchen, aber das stimmt nicht.

Die meisten Männer wünschen sich eine einfache, unkomplizierte Frau als Partnerin. Darüber hinaus brauchen sie auch eine wahre Freundin, der sie sich anvertrauen können, und eine Schulter zum Ausweinen. Ja, Männer weinen auch!

Wirf einen Blick auf die Eigenschaften einer tollen Freundin und finde heraus, ob du das hast, wonach Männer suchen.

1. Sie ist selbstbewusst.

Sie ist eine Frau, die sich in ihrer eigenen Haut wohlfühlt. Sie ist stolz darauf, wer sie ist, und sie hat nicht vor, sich für irgendjemanden zu ändern.

Ihr muss niemand sagen, dass sie gut aussieht, und sie wird

auch keinen Mann darum bitten, weil sie sich durchaus dessen bewusst ist.

Sie braucht keine Bestätigung von Männern, weil sie nie an sich selbst zweifelt.

2. Sie ist schlau.

Für Männer ist es sinnlos, sich mit Frauen abzugeben, die sich wie kleine Mädchen benehmen. Wenn sie erwachsen sind, suchen sie nach Frauen, die sich ebenfalls wie Erwachsene benehmen.

Männer wollen Frauen, die ihnen ebenbürtig sind und die sie auf intellektueller Ebene herausfordern können.

Sie brauchen eine Herausforderung und sie hat das Hirn, um genau das zu tun.

3. Sie ist unabhängig.

Wie ein „großes Mädchen“ kann sie sich um ihre eigenen Probleme kümmern, und das macht Männer an. Niemand möchte seine Freundin babysitten.

Wenn sie mit alltäglichen Problemen oder mit Problemen im Job nicht zurechtkommt und immer wieder um Hilfe bittet, fühlen sich Männer erstickt. Sie bekommen das Gefühl, dass ihre Freundin nicht allein funktionieren kann.

4. Sie kümmert sich um ihren Geist und ihren Körper.

Wie ich bereits weiter oben geschrieben habe, muss sie keine Adriana Lima sein, aber sie muss sich dennoch um ihren Geist und ihren Körper kümmern. Sie muss das nicht für ihren Mann tun, sondern für sich selbst.

Sie möchte unabhängig von ihrem Mann gut aussehen, und

er ist glücklich, dass sie für sich selbst und nicht nur für ihn gut aussieht.

Mens sana in corpore sano – sie kümmert sich um ihren Geist, damit sie sowohl innerlich als auch äußerlich gesund und agil ist.

5. Sie hält zu ihm.

Das bedeutet, dass sie immer hinter ihrem Mann steht. Sie wird sich für ihn einsetzen, weil sie weiß, dass er recht hat, aber selbst wenn er es nicht tut, wird sie immer zu ihm stehen.

Sie ist ihm treu und wird ihn niemals betrügen, schon gar nicht in einer festen Beziehung.

Wenn sich ein Mann sicher ist, dass ihm eine Frau treu ist, wird er diese Ehre mit Vergnügen erwidern. Nicht alle Männer sind Arschlöcher, ob du es glaubst oder nicht!

6. Sie ist nicht materialistisch.

Die meisten Männer verabscheuen „Gold Digger", wenn es um eine ernsthafte Beziehung geht. Sie schätzen die ideellen Werte einer Frau.

Das bedeutet nicht, dass ein Mann seiner Frau nie etwas kaufen oder sie mit einem Geschenk überraschen wird. Nein, das absolute Gegenteil ist der Fall. Männer wollen Frauen, die nicht geldgeil sind, Frauen, die sie nicht dazu auffordern, solche Dinge zu tun. Sie werden es von selbst tun, als Zeichen ihrer Liebe und Wertschätzung.

7. Sie lässt dich ein Mann sein.

Sie ist sich der Tatsache bewusst, dass Männer Männer und Frauen Frauen sind. Sie wird ihren Mann nicht dazu nötigen, Mädchenkram zu machen und ihm damit seine „Männlichkeit" wegnehmen.

Sie respektiert die Tatsache, dass Männer gerne Sport schauen, dass sie mit ihren Kumpels ab und zu ein Bier trinken gehen und dass sie gelegentlich anderen Frauen hinterherschauen – sie können nicht anders, aber es hat nichts zu bedeuten.

8. Sie mag seine Freunde.

Sie muss nicht unbedingt einen auf „dicke Freunde" machen, aber sie muss sie natürlich mögen. Wenn sie vorhat, eine langfristige Beziehung zu führen, weiß sie, dass sie mit den Freunden ihres Mannes zu tun haben wird.

Sie ist die Art von Frau, die die Clique ihres Mannes zu einem lustigen Abend einlädt und Sandwiches für sie macht.

9. Sie macht ihren Mann zu einem besseren Menschen.

Sie wird das Beste in ihrem Mann hervorbringen. Sie wird ihn unterstützen und ihn dazu bringen, ein noch besserer Mensch werden zu wollen, als er sowieso schon ist.

Männer können tatsächlich verantwortungsbewusst und zukunftsorientiert denken. Sie können wirklich anfangen, sich wie Erwachsene zu fühlen – und zu verhalten. All dies geschieht aus einem einfachen Grund – ihretwegen.

Sie haben die Richtige getroffen und ihretwegen wollen sie bessere Menschen werden.

EIGENSCHAFTEN EINER FRAU, DER ALLE MÄNNER HINTERHERLAUFEN

1. Sie ist nicht „leicht zu haben", aber sie ist aufgeschlossen.

Frauen, die zu unnahbar wirken und hochnäsig sind, kommen nicht weit. Auf der anderen Seite vermitteln diejenigen, die zu aufgeschlossen sind, den Eindruck, dass sie „leicht zu haben" sind. Eine Frau, der alle Männer hinterherlaufen, wird ein Gleichgewicht zwischen diesen beiden Gegenpolen finden. Sie wird kommunikativ und charmant sein, aber sie wird anfangs nicht zu viel flirten. Sie wird freundlich, selbstbewusst und aufgeschlossen sein.

2. Sie ist bodenständig.

Sie ist selbstbewusst und zeigt Selbstvertrauen, aber sie hat kein übergroßes Ego und sie hält sich nicht für etwas Besseres als alle anderen. Außerdem vergleicht sie sich nie mit anderen Menschen, da sie der Meinung ist, dass jeder versuchen sollte, heute ein besserer Mensch als gestern zu sein. Sie weiß, dass es keinen Grund zum Neid gibt.

3. Sie ist nicht immer verfügbar.

Sie wird einen Mann nicht zum Zentrum ihres Universums machen, nur weil sie ihn mag. Er wird sich seinen Platz in ihrem Leben verdienen müssen. Sie wird nicht alles stehen und liegen lassen, nur weil er sie angerufen hat, und so wird sie auch nicht den Eindruck vermitteln, dass sie die ganze Zeit auf seinen Anruf und seine Einladung gewartet hat. Sie ist auch nicht aufdringlich. Sie geht mir ihrer Zeit wertschätzend um und erwartet, dass ein Mann dies auch tut.

4. Sie sieht ihren Mann als ihren Ebenbürtigen an.

Sie wird seine Bedürfnisse nicht immer vor ihre eigene stellen. Sie glaubt nicht, dass die Frau in einer Beziehung mehr opfern sollte als der Mann. Sie betrachtet ihren Mann als jemanden, der bereit ist, alles, was sie für ihn tut, zu erwidern. Manchmal wird sie alles in ihrer Macht Stehende tun, um ihn glücklich zu machen, und er wird diese seltenen Momente umso mehr schätzen. Denn wenn das die ganze Zeit über passieren würde, würde er es für selbstverständlich halten.

5. Sie ist vernünftig.

Wenn sie kämpft, kämpft sie fair. Sie weiß, dass sie nicht perfekt ist und dass gewisse Dinge manchmal ihre Schuld sind, aber sie hat kein Problem damit, sich zu entschuldigen. Sie hat keine Angst vor Auseinandersetzungen und es macht ihr nichts aus, Dinge anzusprechen, die ihrer Meinung nach nicht gut sind. Sie meidet unnötige Dramen und sie ist fest davon überzeugt, dass man mit einem ehrlichen Gespräch und einer aufgeschlossenen Einstellung jedes Problem lösen kann.

6. Hinter ihrem femininen Äußeren verbirgt sich eine starke Persönlichkeit.

Ein Mann wird ihre Stärke anfangs nicht bemerken. Aber sobald cr sie näher kennenlernt, wird er erkennen, was tatsächlich in ihr steckt. Sie mag es nicht, im Zentrum der Aufmerksamkeit zu stehen, und deshalb gibt sie nie damit an, wie tough sie sei. Die Kraft, die sie aus ihren schmerzhaften Erfahrungen gewonnen hat, zeigt sich in ihren Taten.

7. Sie genießt das Leben.

Sie liebt Essen, Lachen und lange Gespräche. Sie empfindet Freude an den kleinen Dingen, die sie tut, und an allem, was sie umgibt. Sie strahlt eine Lebenslust aus, die jeden vor Neid erblassen lässt. Sie akzeptiert sich selbst so, wie sie ist, und deshalb ist es so angenehm, mit ihr zusammen zu sein. Sie hat keine Angst zu leben und holt das Beste aus ihrem Leben heraus. Sie hat ihre Höhen und Tiefen, aber sie lebt für die guten Tage. Ihre positive Denkweise und ihre Freude ziehen die Menschen an.

8. Sie sagt ihre Meinung.

Wenn man sich mit ihr unterhält, fischt man nicht im Trüben; sie kommuniziert ihre Gedanken und Gefühle offen und ehrlich. Sie würde nie etwas Beleidigendes zu jemandem sagen, aber wenn es um sie selbst geht, wird sie nicht zögern, ihre Meinung zu sagen. Sie wird keine Spielchen spielen oder irgendeinem Mann falsche Hoffnungen machen; er wird wissen, ob sie ihn in ihrem Leben haben will oder nicht.

9. Sie nörgelt nicht.

Sie kann den Klang ihrer Stimme nicht leiden, wenn sie anfängt zu nörgeln, also tut sie es gar nicht. Sie weiß, dass nicht alles perfekt sein kann und dass sie einige nervige

Dinge an dem Mann, der ihr gefällt, akzeptieren muss, weil sie das Gleiche von ihm erwartet. Sie ist ehrlich und direkt, wenn es um etwas geht, was sie extrem stört. Sie führt ihre Schlachten weise, aber sie nörgelt nie.

10. Mit ihr fühlt sich die Liebe echt an.

Wenn sie sich in jemanden verliebt, wird sie dies nicht verbergen können. Ihr Gesicht wird jedes Mal aufleuchten, wenn sie in seiner Nähe ist. Sie wird ihn zwar nicht übertrieben umschwärmen, aber sie wird sich genauso sehr um ihn bemühen wie er um sie. Wenn sie mit einem Mann zusammen ist, der sie verdient hat, wird sie ihn wirklich von ganzem Herzen und mit ihrer ganzen Seele lieben.

DU VERDIENST ES, DASS MAN DIR HINTERHERLÄUFT

Du verdienst es, dass man dir hinterherläuft. Du verdienst es, geliebt zu werden. Du verdienst es, dass man dir deine Wünsche von den Augen abliest. Du verdienst es, respektiert zu werden. Und du verdienst es, dass all das ganz von selbst passiert.

Ohne jemanden um Liebe anflehen zu müssen.

Ohne jemandem hinterherlaufen zu müssen, damit er Zeit mit dir verbringt.

Ohne jemanden davon überzeugen zu müssen, dass du seine beste Freundin bist.

Denn wer nicht sieht, wie außergewöhnlich und einzigartig du bist, der ist selbst schuld. Er ist offensichtlich blind und sieht nicht, was für ein Wunderwerk du bist. Und wenn er dumm genug ist, wegzugehen, solltest du clever genug sein, ihn gehen zu lassen.

Wenn du ihm hinterherläufst, wirst du dich selbst verlieren.

Und das darfst du nicht zulassen. Also hör auf, deine kostbare Zeit mit Menschen zu verschwenden, die dich nicht verdient haben.

Bitte jage niemandem hinterher, der nicht „gejagt“ werden will. Denn selbst wenn du ihn endlich „gefangen“ hast, wird er sich tausend Gründe ausdenken, warum er keine Zeit mit dir verbringen kann. Und dein Herz wird in eine Million Stücke zerbrechen.

Du wirst am Boden zerstört sein, weil du spürst, dass er dich nicht will. Aber das ist nicht wirklich verwunderlich: Du hast ihm keinen guten Grund gegeben, sich anders zu verhalten.

In solchen Momenten wirst du wahrscheinlich Gott fragen, warum Er dir das alles antut, aber denke daran, dass ein Lehrer während der Prüfung immer still ist. Dies ist nur ein weiterer Test, der dir zeigen soll, wie stark und unabhängig du in Wirklichkeit bist. Und du wirst aus jedem Kampf als Siegerin hervorgehen – eine Siegerin mit vielen Wunden am Körper, die aber immer noch auf den Beinen steht. Und diese Erfahrung wird dir niemand nehmen können. Wenn dir also das nächste Mal jemand den Rücken zukehrt, lauf ihm nicht hinterher!

Weißt du, warum?

Weil solche Leute es nicht verdienen, dass man ihnen hinterherläuft!

DU hast es verdient, dass man *dir* hinterherläuft! Jeden Tag. Jede Stunde. Jede Minute. Weil du mehr als gut genug bist. Lass dir von niemandem etwas anderes einreden.

Du verdienst jemanden, dessen einzige Aufgabe es sein wird, dich glücklich zu machen.

Du verdienst einen Mann, der dir seine ganze Aufmerksamkeit schenken wird.

Du verdienst jemanden, der dich nicht hinhält. Du verdienst einen Mann, der alles oder nichts will. Du verdienst es, so geliebt zu werden, wie du es dir nie erträumt hättest.

Du verdienst jemanden, von dem du jedes Mal, wenn du ihn siehst, Schmetterlinge im Bauch bekommst.

Du verdienst einen Mann, der verrückt nach dir ist, einen Mann, der dich grenzenlos und zutiefst liebt.

Also, gib dich nicht mit weniger zufrieden, als du verdient hast! Gib dich nicht mit ein paar Krümeln zufrieden – weil du den ganzen Kuchen verdient hast.

In diesem ganzen Durcheinander, das wir Leben nennen, musst du begreifen, dass du unersetzlich bist.

Du bist einzigartig, so, wie du bist, und dafür solltest du geschätzt werden. Also, sei mit jemandem zusammen, dessen Liebe sich wie ein Zuhause anfühlt.

Gib dein Herz nur einem Mann, der es auch wirklich zu schätzen weiß. Entscheide dich für einen Mann, der bereit ist, dich mit all deinen Vor- und Nachteilen zu akzeptieren, der dich aber trotzdem lieben wird, wie er es noch nie zuvor getan hat.

Wenn du so einen Mann findest, gib ihm all deine Liebe. Hab keine Angst, denn selbst wenn du fällst, wird er da sein, um dich aufzufangen.

Und wenn das Leben dir einmal übel mitspielt, wenn du im Stich gelassen wirst und alles um dich herum dunkel ist, wenn du kein Licht mehr sehen kannst, dann versinke nicht in Traurigkeit – sag einfach ruhig zu dir selbst: „Ich brauche dein Licht nicht, du Arschloch; ich werde meinen Weg auch in der Dunkelheit finden!"

WAS BRINGT EINEN MANN DAZU, SICH ZU VERLIEBEN UND TREU ZU BLEIBEN? (EIGENSCHAFTEN, NACH DENEN MÄNNER SICH SEHNEN)

Es gibt keine Zauberformel für eine erfolgreiche, lebendige Beziehung. Es existiert kein bestimmter Frauentyp, den Männer an ihrer Seite haben wollen. Du musst nicht unbedingt von hohem Rang sein oder etwas Besonderes besitzen, damit sich ein Mann in dich verliebt und dir treu bleibt.

Dauerhafte Beziehungen sind sehr unterschiedlich. Nicht alle Frauen und Männer denken gleich, lieben die gleichen Dinge und funktionieren gleich. Was ich damit sagen will: Es gibt keine bestimmte Formel, damit sich ein Mann verliebt und um dich bemüht. Es hängt alles von der Person ab.

Wahrscheinlich ist es dir schon mal passiert, dass du eine Beziehung angefangen und gedacht hast, du hättest den richtigen Mann gefunden, aber am Ende warst du enttäuscht. Einer von euch beiden hat nicht dasselbe empfunden, entweder er oder du. Ihr wart nicht auf derselben Wellenlänge und das, was für immer hätte sein sollen, wurde zu einem totalen Reinfall.

Du kannst dem Mann nicht die Schuld dafür geben und du kannst es auch nicht auf dich selbst schieben. Es hat einfach nicht funktioniert, weil ihr nicht zusammenpasst. Vielleicht hat sich einer von euch beiden auch gar nicht so sehr bemüht, aber der Punkt ist, dass es einfacher war, aufzugeben, als zu versuchen, etwas zu retten, was es nicht wert war, gerettet zu werden.

Obwohl es keine konkrete Antwort darauf gibt, wie man Liebe und Hingabe erlangen kann, gibt es Beziehungsratschläge, die dich in die richtige Richtung führen können. Vielleicht hast du nicht darauf geachtet, aber der Grund, warum sich viele Männer in eine Frau verlieben, liegt in den besonderen Eigenschaften, die manche Frauen besitzen. Es wäre also nur logisch, davon auszugehen, dass einige dieser Eigenschaften etwas verkörpern, wonach sich Männer sehnen (zumindest die meisten von ihnen).

Was bringt einen Mann dazu, sich zu verlieben und einer Frau treu zu bleiben?

1. Sie hat viele verschiedene Qualitäten.

Mit „verschieden" meine ich „gegensätzlich". Sie ist nicht entweder „so" oder „so". Sie verhält sich nicht immer gleich. Sie ist immer darauf vorbereitet, der Situation entsprechend zu (re-)agieren. Diese Frauen wirken zum Beispiel wie ein liebes, süßes Mädchen, das keiner Fliege etwas zuleide tun kann, aber wenn es sein muss, können sie knallhart sein. Diese Frauen sind die perfekte Mischung aus beidem. Männer lieben diese Diversität bei einer Frau.

Oder eine Frau, die extrem schlau ist, von der man gar nicht erwarten würde, dass sie heiß ist oder wild Party macht. Wenn ein Mann eine Frau trifft, die diese widersprüchlichen Eigenschaften besitzt, wird er sofort verrückt nach ihr sein. Männer mögen keine Frauen, die nur eine einzige Sache können und nach nur einer Regel leben.

Auch wenn du *zu* heiß oder *zu* nett bist, wenn du also *nur eine Sache* bist, ist das ein Zeichen dafür, dass du unsicher bist. Die perfekte Frau ist eine Mischung aus ein wenig von allem; das zeigt, dass sie selbstbewusst ist und dass sie sein kann, was oder wer auch immer sie sein will.

2. Sie hat mütterliche Wärme.

Männer sind sehr sensibel, wenn es um ihre Mütter geht. Letztendlich ist dies genau das, was sie bei einer Frau suchen. Um jegliche Missverständnisse auszuräumen: Sie suchen nicht jemanden, der sie badet und füttert, sie suchen jemanden, der zärtlich und liebevoll ist. Klar, wilder Sex und verrücktes Rumknutschen sind super, aber nicht die ganze Zeit. Tief im Inneren wollen Männer gehegt und gepflegt werden. Sie wollen gestreichelt werden. Ein Mann will, dass ihm eine Frau in die Augen schaut, wenn sie ihn berührt.

Männer wollen diesen mütterlichen Vibe in einer Frau spüren, weil sie sich dadurch sicher fühlen. Frauen, die genau wissen, wie sie ihnen diese Geborgenheit und diese Wärme geben können, gefallen ihnen am besten. Vielleicht sind sie sich nicht einmal bewusst, wonach sie sich sehnen; dieses Gefühl ist bei ihnen vorprogrammiert.

3. Sie ist emotional.

Ihre Emotionen haben eine unvorstellbare Kraft. Wenn sie will, kann sie mit ihren Gefühlen einen Mann von sich fernhalten oder aber an sich binden. Was die meisten Männer hauptsächlich an einer Frau attraktiv finden, ist ihre Fähigkeit, emotional zu kommunizieren – auf erwachsene Art und Weise, versteht sich. Sie wird sich nicht wie ein kleines Mädchen verhalten, wenn etwas nicht so läuft, wie sie es sich vorgestellt hat, und sie wird in einer schwierigen Situation nicht überreagieren. Solche Frauen ersticken ihre Männer nicht und klammern sich auch nicht an sie. Sie haben ihre Emotionen im Griff und schaffen so die perfekte Mitte.

4. Sie ist verwundbar.

Männer lieben Frauen, die ehrlich sind, wenn es um ihre Gefühle geht. Sie können einer Frau, die keine Angst hat, sich zu öffnen und einem Mann Einblick in ihr Innerstes zu geben, einfach nicht widerstehen. Selbst wenn sie Angst davor hat, sich zu öffnen, wird sie es tun, denn es ist die einzige Möglichkeit, einem Mann zu zeigen, wie sie sich fühlt und was sie über ihn denkt.

Heutzutage behalten die meisten Frauen – die meisten Menschen! – alles für sich. Sie wollen sich niemandem öffnen, weil sie dann leichter verletzt werden können. Wenn sich Frauen also verschließen, weisen sie – unabsichtlich – einen Mann, der sich wirklich für sie interessiert, zurück. Das ist zwar verständlich, aber wenn eine Frau keine Verwundbarkeit zeigt, kann ein Mann sie nicht beschützen. Und wenn er niemanden hat, den er beschützen kann, könnte er woanders danach suchen.

5. Sie weiß, wie man einem Mann Freiraum und Freiheit gibt.

Wenn du in einer festen Beziehung bist, bedeutet das nicht, dass du das Recht hast, über deinen Partner zu herrschen und Entscheidungen für euch beide zu treffen. Diese

Frauen wissen das, und sie wissen, dass sie einem Mann etwas Freiraum geben müssen, damit er sich in sie verliebt und sich an sie bindet. Wenn eine Frau verletzt ist, wird sie das Bedürfnis haben, mit jemandem darüber zu sprechen. Sie wird sich nach emotionaler Unterstützung und Verständnis sehnen. Wenn ein Mann verletzt ist oder irgendein Problem hat, wird er sich verschließen. Er wird versuchen, eine Möglichkeit zu finden, allein damit fertigzuwerden. Männer ticken so.

Deshalb musst du ihm etwas Freiraum geben. Wenn er genervt nach Hause kommt und du siehst, dass er ein Problem hat, lass ihn das allein klären. Sobald er fertig ist, wird er dir alles darüber erzählen. Wenn du ihn mit Millionen Fragen nervst, z. B. wie das passiert ist, warum er sich so seltsam verhält etc., wird er sich nur noch schlimmer fühlen und du wirst keine Antwort bekommen. Lass ihn sich in seine Männerhöhle verkriechen und sich allein um seinen Kram kümmern.

6. Sie ist unabhängig.

Diese Frauen wissen, wie man allein zurechtkommt. Männer genießen es zwar, gebraucht zu werden – wer tut das nicht? –, aber sie mögen keine Frauen, die bedürftig sind. Männer verlieben sich in Frauen, die die Dinge selbst in die Hand nehmen, aber keine Angst haben, um Hilfe zu bitten, wenn sie sie wirklich benötigen. Diese Frauen integrieren einen Mann in ihr Leben, während sie ihr eigenes weiterleben.

Du musst ihm also zeigen, dass du sehr gut allein zurechtkommst, dass du keinen Mann brauchst, der sich um dich kümmert. Männer finden das extrem sexy. Das klingt etwas widersprüchlich, da sie jemanden haben wollen, den sie beschützen können, aber wenn du ausstrahlst, dass du eine Person bist, um die man sich kümmern muss, wird er sofort das Interesse an dir verlieren. Bedürftigkeit ist keine attraktive Eigenschaft – Unabhängigkeit hingegen schon.

7. Sie macht ihren Mann glücklich.

Das klingt nicht nach einer „Eigenschaft", aber wenn sich jemand in deiner Nähe glücklich und wohlfühlt, bedeutet das, dass du eine sympathische Person bist, und das ist eine Eigenschaft – und zwar eine sehr attraktive. Diese Frauen wissen genau, wie sie eine Atmosphäre schaffen können, in der ihr Mann merken wird, dass er in ihrer Nähe glücklich ist. Sie werden intensive Emotionen wecken, die in seinem Inneren vergraben sind, und wenn sie gehen, wird der Mann dieses Gefühl vermissen. Wenn das passiert, ist das ein Bindungs-Bingo!

Unternimm etwas mit ihm, was ihr beide genießt! Hab Spaß mit ihm! In solchen Situationen wird er sich glücklich und geborgen fühlen. Und wenn du gehst, wird er sich daran erinnern, wie glücklich er in deiner Nähe war. Kurz gesagt: Er wird sich an dich binden.

8. Sie bringt ihm Wertschätzung und Respekt entgegen.

Männer wollen sich wertgeschätzt fühlen. Sie brauchen jemanden an ihrer Seite, der ihnen hilft, ihre Ziele zu erreichen. Sie brauchen die Unterstützung einer Frau, sowohl emotional als auch konkret. Frauen, die ihnen diese Dinge bieten, sind in ihren Augen echte Juwelen. Das hängt vor allem damit zusammen, dass sie dadurch ihr Ego stärken.

Wenn du sein Herz ein für alle Mal erobern willst, dann mache ihm Komplimente. Sage ihm, dass er erfolgreich und attraktiv ist. Sorge dafür, dass er sich wichtig fühlt. Er wird dich nur noch mehr lieben. Das wird ihm das Gefühl geben, dass du ihm und seinem Urteilsvermögen vertraust und dass du fest davon überzeugt bist, dass er Großes vollbringen kann.

Aber übertreibe es nicht mit den Komplimenten. Sie können langweilig und abgedroschen werden, wenn du immer wieder dasselbe wiederholst. Bleibe natürlich und sage ihm von Zeit zu Zeit, wie du dich fühlst und was du über ihn denkst.

9. Sie wird nie versuchen, ihn zu ändern.

Er muss wissen, dass du ihm vertraust und dass du mit ihm als Mensch zufrieden bist. Frauen, die wissen, wie man einen Mann dazu bringt, sich zu binden, tun genau das. Sie geben ihm gerade noch genügend Freiheit, um sich selbst nicht zu verlieren. Sie wissen, dass sie niemanden ändern können und dass jeder Mann, dem sie begegnen, irgendeinen Fehler haben wird. Es liegt an dir, ob du dich von diesem Fehler ärgern und ihn deine Beziehung ruinieren lassen wirst oder ob du lernen wirst, mit ihm zu leben. Schließlich ist niemand perfekt – du auch nicht.

Du musst ihn davon überzeugen, dass du ihn so magst, wie er ist. Versichere ihm, dass er sich nicht ändern muss, um deine Erwartungen zu erfüllen. Er wird es zu schätzen wissen, dass du ihn verstehst und dass du mit ihm glücklich bist, so wie er ist. Dadurch wird er sich definitiv an dich binden, denn ehrlich gesagt: Eine solche Frau ist wirklich schwer zu finden.

10. Sie weiß, wann sie ihn einspringen lassen muss.

Wie bereits erwähnt, müssen sich Männer nützlich fühlen, aber sie wollen nicht ausgenutzt werden. Es ist ein großes

Plus, wenn du unabhängig bist, aber betrachte das Ganze auch aus einer anderen Perspektive. Wenn du *zu* unabhängig bist, wird er das Gefühl bekommen, dass du ihn nicht brauchst, und das kann dazu führen, dass er sich bereits in der Anfangsphase zurückzieht. Hier musst du sehr clever sein und mit Fingerspitzengefühl arbeiten.

Diese Frauen wissen genau, wie viel von ihrer Unabhängigkeit sie vor einem Mann zeigen dürfen. Sie wissen, wann der richtige Zeitpunkt ist, um ihn einspringen zu lassen. Sie wissen, wie sie ihm das Gefühl geben können, gebraucht zu werden, allerdings in angemessener Dosis. Sei clever und taktvoll.

Glücklicherweise sind das alles Eigenschaften, die man erlernen kann, sodass es kein Ding der Unmöglichkeit ist, einen Mann dazu zu bringen, sich in dich zu verlieben und an dich zu binden. Eigne dir diese Eigenschaften an und du wirst es definitiv schaffen.

3

ER SOLL DIR GEHÖREN

Nein, das hier ist kein Handbuch aus dem 19. Jahrhundert, mit dem du einen Mann verzaubern und für immer zu deinem machen kannst. Obwohl das die Lösung so vieler Probleme wäre, nicht wahr? ... Das war nur ein Scherz. Das hier ist aber auch keine dunkle Magie, nur kleine Tricks und Tipps. Also, entspann dich, wir fangen gerade erst an. Es gibt noch so viel mehr, was ich dir erzählen muss.

Kommen wir zurück zum Thema. Inzwischen solltest du wissen, dass du es verdient hast, dass man *dir* hinterherläuft. Deshalb ist es auch einfach nur logisch, dass es absolut lächerlich wäre, jemandem hinterherzulaufen.

Warum solltest du einem Phantom hinterherjagen, wenn du bisher immer nur enttäuscht wurdest? Ich verstehe dich, ich habe das auch schon mal erlebt. Deshalb hör mir genau zu.

Männer sind in Wirklichkeit gar nicht so kompliziert. Im Kern sind sie sich sogar ziemlich ähnlich. Sie reagieren fast gleich auf ähnliche Situationen und ihr Bild von Frauen ist insgesamt mehr oder weniger kongruent.

Also, meine lieben Frauen, anstatt euch eure hübschen Ärsche aufzureißen, damit sie Notiz von euch nehmen, tut zuerst das, was ich euch bereits gesagt habe: Werdet die beste Version von euch selbst! Dann – also jetzt – werde ich euch ein paar zusätzliche Tipps geben, wie ihr seine Aufmerksamkeit bekommen könnt, ohne dass ihr euch dafür übermäßig anstrengen müsst.

Betrachte diese Tipps als süße kleine Tricks, die jede Frau benutzen kann, um einem Mann einen kleinen Schubs zu geben, damit ihm klar wird, wie sehr er sie tatsächlich braucht und vermisst.

Los geht's! Eins ... zwei ... drei – fertig?

METHODEN, DIE IHN GARANTIERT SÜCHTIG NACH DIR MACHEN

Es gibt zig Ratschläge, wie du ihn süchtig nach dir machen kannst – die meisten von ihnen hätten allerdings im 19. Jahrhundert bleiben sollen, wo sie auch hingehören. Sich in irgendeiner Weise zu verändern, um einen Mann süchtig nach dir zu machen, ist nämlich genau das, was du *nicht* tun solltest!

Wir sollten sie akzeptieren, aber uns auch für sie ändern?!

Bei der Liebe geht es darum, jemanden zu finden, der nicht perfekt ist, aber perfekt zu uns passt. Niemand ist perfekt, warum um alles in der Welt sind wir dann auf der Suche nach Perfektion? Ein guter Zuhörer, jemand, der hinter uns steht und uns treu ist – das ist ein perfekter Mann. Ein Mann, der nie von dir verlangen wird, dass du dich änderst, weil du bereits perfekt für ihn bist.

Wenn du einen solchen Mann gefunden hast, willst du ihn natürlich nicht verlieren. Deshalb ist es auch völlig legitim, nach Ratschlägen zu suchen, wie du ihn halten kannst. Genau darum geht es in diesem Artikel. Ich zeige dir im

Folgenden 10 Methoden, wie du ihn garantiert süchtig nach dir machen kannst, ohne ihm Sandwiches zu machen und jedes Mal höflich zu nicken, wenn er etwas sagt.

Ich wünschte, das wäre ein Witz, aber das ist wirklich ein Ratschlag, den ich im Internet gefunden habe. Weil das Internet finster und voller Schrecken ist.

1. Rede mit ihm!

Kommunikation ist im Grunde genommen der Schlüssel für jede gesunde Beziehung. Wo es keine Kommunikation gibt, da gibt es auch keine Ehrlichkeit. Es gibt keinen Austausch mit deinem Lebensgefährten über Dinge, die dir in deinem Leben wichtig sind. Und du weißt nicht, wie es zwischen euch beiden wirklich läuft, denn du löst alle Probleme in deinem eigenen Kopf – dasselbe gilt für ihn.

Es ist wichtig zu kommunizieren. Suche deshalb immer wieder das Gespräch mit ihm. So werdet ihr lernen, einander zu vertrauen und der beste Freund des anderen zu sein. Das ist äußerst wichtig, damit eure Beziehung wachsen kann. Wenn du weißt, dass dein Partner für dich da ist, dass er immer da sein wird, um dir zuzuhören, die Stille mit dir zu teilen und dir seinen Rat zu geben, dann kommt dir das Leben gar nicht mehr so unheimlich vor. Also, die erste Methode, um ihn süchtig nach dir zu machen, ist, sein Freund zu sein.

2. Akzeptiere ihn und unterstütze ihn!

Akzeptiert und verstanden zu werden, sind grundlegende menschliche Bedürfnisse. Wir alle sehnen uns danach, egal wie selbstbewusst und tough wir sind. Wir brauchen einfach jemanden, der all unsere Fehler sieht und uns für sie lieben wird. Wir alle brauchen jemanden, der weiß, dass wir kein Superheld sind, uns aber trotzdem als solchen sieht. So wie du gerne akzeptiert werden möchtest, solltest du auch ihn akzeptieren. Liebe ihn *für* seine Fehler und Macken – nicht trotz seiner Fehler – und denke daran, dass niemand perfekt ist. Das Einzige, was zählt, ist, dass ihr beide zusammenpasst.

Damit kommen wir zur Unterstützung. Das Leben ist hart, knallhart. In einem Moment geht es dir gut und im nächsten verlierst du den Boden unter den Füßen und hast keine Ahnung, was du als Nächstes tun sollst. In solchen Momenten ist es wichtig zu wissen, dass es jemanden gibt, der hinter uns steht, dass es jemanden gibt, der unser größter Fan ist. Das solltet ihr füreinander sein. Ermutige ihn, wenn er aus seiner Komfortzone heraustritt, und sei da, um ihn zu trösten, wenn etwas nicht wie geplant läuft. Wenn es etwas gibt, was eure Beziehung stärkt, dann ist es das.

3. Genieße dein Leben in vollen Zügen!

Hab keine Angst, dir etwas Zeit für dich selbst zu nehmen. Die Träume, die du verfolgst, und die Dinge, die du mit Leidenschaft tust, machen dich außergewöhnlich. Er hat sich in dich verliebt, als du frei wie ein Vogel warst, als du deinem Herzen gefolgt bist und dein Leben in vollen Zügen genossen hast.

Es ergibt keinen Sinn, all das aufzugeben, nur weil man in einer Beziehung ist. Mit der Zeit wird er anfangen, sich dafür schuldig zu fühlen, dass du deine Träume für ihn aufgegeben hast, und du wirst zwangsläufig anfangen, dich unglücklich zu fühlen, weil du nichts von tust, wovon du früher geträumt hast. Hab keine Angst, ein Leben außerhalb deiner Beziehung zu haben. Du wirst überrascht sein, was ein bisschen Abstand bewirken kann, wenn es darum geht, in einer Beziehung glücklich zu bleiben.

4. Bring etwas Schwung rein!

Bring etwas Schwung ins Schlafzimmer, außerhalb des Schlafzimmers – wo und wie auch immer du Lust hast. Es soll einfach spannend bleiben; viele Paare geraten in eine Routine und fangen an, alles automatisch zu tun. Stell dir vor, du küsst die Liebe deines Lebens auf Autopilot – denn so wird sich Routine irgendwann anfühlen.

Du kannst ihm z. B. ein paar neue Stellungen im Schlafzimmer vorschlagen, ihn mit sexy Spitzenwäsche oder mit einem Quickie morgens vor der Arbeit überraschen. Das Wichtigste ist, dass du dich dabei wohlfühlst; es ergibt keinen Sinn, irgendetwas zu tun, wenn es dir nicht zu 100 % gefällt. Er wird das spüren und das Ganze wird nicht so aufregend sein, wie es eigentlich sein sollte. Also, tu es nur, wenn du bereit dazu bist und du das Gefühl hast, dass die Zeit dafür reif ist.

5. Hab keine Angst, emotional zu sein!

Gefühle aufzustauen, ist nie gut, insbesondere dann nicht, wenn man sie tief im Inneren eingeschlossen hält. Sie müssen raus – oder du wirst an ihnen ersticken. Glücklicherweise hast du jemanden, mit dem du reden kannst, jemanden, der dir gerne bei allen Problemen hilft.

Zeig ihm, dass du ihm vertraust und dass du seine Hilfe zu schätzen weißt. Er wird sich geehrt fühlen, dass du beschlossen hast, ihm deine verletzliche Seite zu zeigen. Hab keine Angst zu zeigen, wie sehr du ihn liebst und wie sehr du es schätzt, dass er Teil deines Lebens ist. Männer müssen wissen, dass ihre Bemühungen nicht umsonst sind, und du bist die Einzige, die ihm das versichern kann. Tu also nicht so, als wäre nichts passiert, wenn er etwas tut, was dich von den Füßen fegt.

6. Sei selbstbewusst!

Selbstvertrauen ist das, was Männer dazu bringt, sich Hals über Kopf in dich zu verlieben, und das Gleiche gilt für deinen Mann. Zögere nicht, hohe Absätze und Kleider zu tragen, wenn du dich dabei wohlfühlst. Probiere Neues aus, organisiere Wellness-Wochenenden oder gehe mit deinen Freunden zu einer Weinprobe.

Tu alles, was dein Selbstvertrauen hebt, und vertraue mir, er wird in kürzester Zeit süchtig nach dir werden. Männer fühlen sich sofort besser, wenn sie mit ihrer Partnerin angeben können. Und was macht es schon, wenn du nicht so perfekt bist wie die Models in den Zeitschriften? Die sind sowieso bearbeitet. Erfinde dich selbst und liebe dich so, wie du bist. Schließlich gibt es nichts Attraktiveres als eine selbstbewusste Frau, die sich selbst liebt.

7. Sei abenteuerlustig!

Mein persönlicher Favorit. Mach eine Liste mit all den Dingen, die du und dein Partner ausprobieren möchtet, weil er sie irgendwann einmal erwähnt hat. Sobald die Liste fertig ist, könnt ihr mit den Vorbereitungen beginnen. Ihr könnt auch eine Liste mit all den Dingen erstellen, die ihr noch bis zum Ende des Jahres tun wollt.

Unternehmt abenteuerliche Dinge, bei denen ihr jede Menge Adrenalin ausschüttet, wie z. B. Fallschirmspringen oder Bungee-Jumping. Ihr könnt auch wandern oder in einen Freizeitpark gehen, wenn ihr das schon lange nicht mehr gemacht habt. Es geht darum, dass ihr diese Dinge *gemeinsam* macht und dass ihr dabei Spaß habt. Erwecke das Kind in dir zu neuem Leben und tu alles, wovon du früher geträumt hast, selbst wenn es etwas Verrücktes ist wie z. B. in einem Feuerwehrfahrzeug herumzufahren. Solange ihr eure Zeit zusammen verbringt und gemeinsame Erinnerungen sammelt, tut ihr das Richtige.

8. Mach ihn zu einem Teil deines Lebens – nicht zu deinem ganzen Leben!

Wenn man sich in der Flitterwochenphase befindet, kann man einfach nicht genug voneinander bekommen; das ist völlig normal. Aber wenn die Flitterwochen vorbei sind, dann ist es nicht wirklich normal, permanent aufeinanderzuhocken und ihn zu deinem ganzen Lebensinhalt zu machen. Mach ihn zu einem Teil deines Lebens, aber nicht zu deinem ganzen Leben!

Verfolge weiterhin deine Träumen, lebe deine Leidenschaften und bitte ihn, mit dir zu kommen und dein Gefährte auf dieser Reise zu sein. Ihr beide seid beste Freunde, Liebhaber und Seelenverwandte. Aber das bedeutet nicht, dass nur weil ihr beide euch ineinander verliebt habt, der Rest der Welt nicht mehr existiert. Genieße dein Leben in vollen Zügen und verbringe deine Zeit sowohl mit ihm als auch mit deinen Freunden und mit deiner Familie. Genieße das Leben zuallererst mit dir selbst, denn etwas Zeit allein zu verbringen, ist unglaublich wichtig für ein glückliches und gesundes Leben.

Man kann nicht aus einer leeren Tasse trinken, also achte in erster Linie auf dich selbst! Hab keine Hemmungen oder ein schlechtes Gewissen, hin und wieder dich selbst an die erste Stelle zu setzen. Du hast es verdient, glücklich zu sein!

9. Respektiere ihn und verlange das Gleiche von ihm!

Die wohl wichtigsten Bestandteile einer Beziehung sind Respekt und Treue. Da Treue ein Resultat gegenseitigen Respekts ist, bedeutet dies, dass Respekt die ultimative Zutat für eine glückliche und erfolgreiche Beziehung ist – neben der Liebe natürlich.

Respektiere seine Grenzen und seine Zeit, so wie du es dir von ihm wünschst. Wenn er sagt, dass er mit seinen Freunden ausgeht, freue dich für ihn. Zeige ihm, dass du ihm vertraust. Schätze ihn genauso, wie du von ihm geschätzt werden möchtest. Und respektiere seine Wünsche und Bedürfnisse.

Damit eine Beziehung funktioniert, müssen viele Opfer gebracht und Kompromisse eingegangen werden. Aber deine Freizeit, deine Träume und deine Wünsche zu opfern, um die andere Person glücklich zu machen, ist ein One-Way-Ticket ins Desaster. Die eigenen Ansichten und Überzeugungen aufzugeben, ist noch schlimmer – was uns zum letzten Punkt dieses Kapitels führt.

10. Sei du selbst und ermutige ihn, ebenso er selbst zu sein!

Sei so, wie du bist. Und lass du ihn auch so sein, wie er ist. Wie bereits erwähnt, niemand ist perfekt. Es ist also nicht nötig, dass du Teile deiner selbst verleugnest, die dich schließlich zu dem machen, was du bist – dasselbe gilt natürlich auch für ihn.

Der Sinn einer Beziehung besteht darin, alles *gemeinsam* zu tun: gemeinsam zu wachsen und gemeinsam alt zu werden, sich gemeinsam zu verändern und sich gemeinsam zu entwickeln. Du wirst nicht mehr die gleiche Person sein, die du letztes Jahr warst, und er auch nicht. Aber solange du du selbst bist, solange ihr über alle Probleme reden könnt und über alles, was in eurem Leben geschieht, wird es euch gut gehen. Hab auch keine Angst, ihm deine verwundbare Seite zu zeigen, ebenso wie deine knallharte und deine wilde Seite. Er hat sich in *dich* verliebt, in das ganze Du; nicht nur in die „angenehmen Teile" von dir. Vergiss das nicht.

TIPPS, WIE DU JEDEN MANN DAZU BRINGEN KANNST, VERRÜCKT NACH DIR ZU SEIN

Das Problem mit der Liebe ist – wenn man sie erzwingen muss, ist es wahrscheinlich keine Liebe.

Achte also zuallererst darauf, dass du für den richtigen Kerl kämpfst, und wenn du dir sicher bist, dass er deine Zeit und Zuneigung wert ist, dann sorge dafür, dass er sich in dich verliebt. Ich werde dir dabei helfen, also pass genau auf!

Die Liebe kommt zu jedem, wenn die Zeit dazu reif ist. Du kannst so etwas nicht beschleunigen. Ich weiß, dass du hartnäckig versuchst, ihn dazu zu bringen, sich in dich zu verlieben, aber das Wichtigste hier ist Geduld.

Du kannst die Liebe nicht beschleunigen, sonst versaust du sie nur.

Eine weitere Sache, die man bedenken sollte, ist, dass nicht jeder für jeden bestimmt ist. Wenn es nicht funktioniert, bedeutet das weder, dass etwas mit dir nicht stimmt, noch, dass du selbst daran schuld bist. Es bedeutet schlicht und einfach, dass es manchmal einfach nicht funktioniert. Und so schwer das in der aktuellen Situation auch zu akzeptieren ist, hinterher wirst du verstehen, warum es so enden musste.

Gib dem Ganzen Zeit. Nur er weiß, was er durchgemacht hat und was seine Erfahrungen mit der Liebe waren. Er könnte Zeit brauchen, also sei verständnisvoll und geduldig.

Wenn er der Richtige ist, wird er deine Gefühle erwidern, und wenn nicht, kannst du weitermachen, weil du weißt, dass du alles gegeben hast.

15 TIPPS, WIE DU EINEN MANN DAZU BRINGEN KANNST, SICH IN DICH ZU VERLIEBEN

1. Gib ihm das Gefühl, dass du ihn brauchst!

Männer lieben es zu wissen, dass man sie braucht. Das ist eine „Männersache“. Es muss nicht bedeuten, dass du von ihm abhängig bist, noch macht es dich selbst weniger attraktiv.

Ich bin sicher, dass du durchaus in der Lage bist, die Spinne in deinem Bett zu töten oder vielleicht sogar einen Reifen zu wechseln. Aber darum geht es nicht; was ich sagen will, ist, dass das nicht bedeutet, dass du all diese Dinge unbedingt selbst tun musst.

Jetzt, da du weißt, dass sich dein Mann wünschen würde, dass du ihn wegen dieser kleinen Unannehmlichkeiten anrufst – warum ergreifst du nicht die Gelegenheit beim Schopfe und schlägst gleich zwei Fliegen mit einer Klappe?

Erstens ersparst du dir die Unannehmlichkeit, diese Spinne tatsächlich töten zu müssen und zu riskieren, dass dir das Spinnennetz ins Gesicht flattert, und zweitens wirst du das Ego deines Mannes stärken, dadurch dass du ihn für diese männliche Aufgabe brauchst. Also ich würde das als zweifachen Profit bezeichnen!

Wenn du schon seit einiger Zeit Single bist, bist du es wahrscheinlich gewohnt, dein eigener Heimwerker zu sein und buchstäblich alles selbst zu machen.

Single zu sein, lässt einen erkennen, wie fantastisch und leistungsfähig man tatsächlich ist, nicht wahr? Wenn du die Liebe und Aufmerksamkeit dieses Mannes willst, musst du ihn jedoch von Zeit zu Zeit um seine Hilfe bitten. Andernfalls wird er sich nutzlos fühlen.

Wenn es etwas gibt, was dein Mann perfekt erledigen würde, zögere nicht, ihn anzurufen. Das ist buchstäblich alles, was du tun musst. Bitte um seine Hilfe.

Im Gegenzug bekommst du zwei Dinge: Erstens wirst du spüren, wie schön es ist, jemanden zu haben, der dir manchmal unter die Arme greift und auf den du dich verlassen kannst. Zweitens gibst du ihm damit einen Daseinszweck.

Vergiss nicht: Nicht nur du magst ihn – er mag dich auch, also wird es ihm eine Menge bedeuten.

2. Verbringt einige Zeit getrennt voneinander (wodurch er erkennen wird, wie sehr er dich vermisst)!

Ich weiß, dass du im Moment am liebsten jede Sekunde mit diesem Mann zusammen sein möchtest – das kann ich gut verstehen. Aber hör mir zu: Du kannst immer noch Unmengen an Zeit mit ihm verbringen, deshalb gib ihm nicht so schnell alles!

Etwas Zeit getrennt voneinander zu verbringen, wirkt sich positiv auf Paare aus, insbesondere auf Paare in einer langjährigen Beziehung. Warum? Weil dies in den meisten Fällen dazu führt, sich gegenseitig zu vermissen.

Aber auch deshalb, weil du nicht diese Frau sein willst, die ihre Freundinnen im Stich lässt, sobald sie einen Typen hat. Sei nicht so eine Frau.

Es gibt noch andere Menschen in deinem Leben, die dich lieben und die Zeit mit dir verbringen wollen. Nimm sie nicht als selbstverständlich hin, nur weil du einen Mann hast, von dem du gerade besessen bist.

Verbringe weiterhin Zeit mit deinen Freunden, besuche deine Familie, erzähle deiner Großmutter, wie glücklich du bist (sie wird sich am meisten für dich freuen!).

Und wenn du deinen Mann wiedersiehst, wirst du merken, wie sehr du ihn vermisst hast, und seine Liebe noch viel mehr schätzen.

Es ist schön zu wissen, dass es da draußen jemanden gibt, zu dem man zurückkehren kann, der einen genauso sehr vermisst, wie man ihn vermisst, nicht wahr? Also gib dir selbst die Chance, das zu erleben!

Außerdem werdet ihr nach dieser „Pause“ so viel zu besprechen haben. Wie du siehst, es gibt nur Vorteile!

Also lass ihn dich ruhig ein wenig vermissen ... er wird an nichts anderes als an dich denken, und wenn er an dich denkt, denkt er auch an die Gefühle, die er für dich hat ...

3. Schmeichle ihm – aber nur, wenn er es verdient hat!

Du musst dir selbstverständlich nichts ausdenken, was nicht der Wahrheit entspricht. Es ist viel einfacher.

Nehmen wir an, ihr seid abends miteinander verabredet. Er

kommt und holt dich ab. Er sieht in seinem Hemd so was von heiß aus! Sag ihm einfach, was du in dem Moment, als du ihn gesehen hast, gedacht hast. Oder wenn sein Haar an diesem Tag besonders toll aussieht – wie schwer ist es denn, ihm das zu sagen?

Männer mögen es genauso sehr wie Frauen, Komplimente zu bekommen! Nur weil sie nicht kichern und rot werden, wenn sie ein Kompliment hören, bedeutet das nicht, dass es ihnen nicht gefällt!

Das bedeutet nur, dass sie sich zu männlich fühlen, um sich etwas darauf einzubilden, aber in Wirklichkeit schätzen sie es, ab und zu mit Schmeicheleien verwöhnt zu werden.

Du weißt, wie sehr du es liebst zu hören, dass du gut aussiehst, nicht wahr? Warum solltest du also nicht auch dem Mann, zu dem du dich so sehr hingezogen fühlst, hin und wieder einen kleinen Kick für sein Selbstbewusstsein geben?

4. Sei authentisch – und stelle dein Licht nie unter den Scheffel!

Ich habe Leute sagen hören, dass Mädchen sich für Männer dumm stellen sollten, damit die Männer sich überlegen fühlen. Darüber kann ich einfach nur den Kopf schütteln.

Warum um alles in der Welt soll ich so tun, als wäre ich etwas, was ich NICHT bin, nur damit sich ein Kerl besser fühlt?! Dieser Gedanke ist mir nie in den Sinn gekommen! Verbanne auch du solche absurden Gedanken!

Wenn du vorgeben musst, weniger attraktiv, weniger intelligent oder weniger von irgendetwas zu sein, um sein Ego zu stärken, dann halte dich von diesem Kerl fern!

Es erstaunt mich wirklich, dass so eine ignorante Dummheit heutzutage überhaupt noch im Umlauf ist! Ist es das, was wir nach all den Jahren der Evolution erreicht haben? Nein danke!

Wenn sich jemand durch deine Intelligenz und deine Fähigkeiten „bedroht" fühlt, dann hat diese Person ein Problem, nicht du! Lass sie es selbst lösen und bleibe so, wie du bist.

Niemals darf jemand deinen Glanz stehlen und dich auf etwas reduzieren, was du nicht sein willst. Wie Ariana schon sagte: *Danke, der Nächste bitte.*

5. Schätze seine männliche Seite!

Das bedeutet nicht, dass du jedes Mal, wenn du ihn siehst, auf ihn springen und unter lautem Stöhnen seine Muskeln bewundern musst. Nein. Du kannst das so handhaben, wie du willst, je nachdem, was Männlichkeit für dich bedeutet.

Bringe deine Bewunderung für seine physische Männlichkeit auf subtilere Weise zum Ausdruck, das ist sexyer. Schrei nicht, wie heiß er ist. Mach es lieber sachte und leise.

Wenn ihr z. B. irgendwo entlangspaziert, drücke seinen Arm ein wenig fester; wenn du seine Muskeln spürst, mache ein beeindrucktes Gesicht und schenke ihm ein keckes Augenzwinkern. Das ist alles, was nötig ist.

Männlich zu sein bedeutet nicht unbedingt, maskulin auszusehen. Ein echter Mann zu sein bedeutet für mich persönlich, Menschen freundlich und mit Respekt zu behandeln. Einer älteren Person zu helfen, über die Straße zu gehen oder ihre Einkaufstasche zu tragen. Ein echter Mann ist für mich außerdem geduldig und erwartet nicht, dass alles so läuft, wie er es will. Ein echter Mann arbeitet hart für alles und freut sich, wenn es gut läuft.

Ein echter Mann hat Fingerspitzengefühl und ist nicht eitel; er ist umsichtig und hilfsbereit, ohne dafür eine Belohnung oder Anerkennung zu erwarten.

Wenn du einen Kerl hast, der alle diese Eigenschaften hat, dann hast du einen echten Mann.

Und das ist immer etwas, was man bewundern kann.

6. Halte dich zurück mit vorschnellen Liebeserklärungen!

Wie ich bereits zu Beginn gesagt habe: Geduld ist hier von größter Bedeutung! Du kannst Gefühle nicht überstürzen. Du kannst die Liebe nicht überstürzen.

Und du kannst niemanden dazu drängen, etwas zu fühlen, was noch nicht da ist.

Ich verstehe, dass du im siebten Himmel bist wegen des Kerls. Ich weiß, dass du so viel Zeit wie möglich mit ihm verbringen möchtest, und du hast wirklich das Gefühl, dass er auf lange Sicht ein guter Partner für dich sein könnte.

Das ist alles wundervoll. Aber übertreibe es trotzdem nicht. Sei klug!

Gefühle entwickeln sich nicht immer im selben Tempo, und du willst nicht, dass er sich überrumpelt fühlt mit deiner vorschnellen Liebeserklärung.

Wenn du wirklich nicht anders kannst, als darüber zu reden, dann geh zu deiner besten Freundin und schütte ihr dein Herz aus. Sag ihr, wie sehr du es mit ihm teilen willst. Sie kennt dich sehr gut, also hör zu, was sie dir zu sagen hat!

Wenn sie dir sagt, dass es zu früh ist, ihm deine Liebe zu gestehen, und du dich wahrscheinlich damit blamieren wirst, wenn du diese drei Worte zu früh sagst, dann höre auf sie! Sie ist deine Freundin, und sie will nur das Beste für dich. Wenn sie dir objektiv sagen kann, wie die Dinge wirklich sind, dann höre auf ihren Rat.

Wenn du die ganze Sache überstürzt, riskierst du möglicherweise, ihn in eine unangenehme Lage zu bringen. Er wird verunsichert sein und Zeit brauchen, um seine Gefühle zu verarbeiten und deine Gefühle zu erwidern.

Das bedeutet nicht, dass er nicht genauso empfindet. Es bedeutet nur, dass er Zeit braucht. Das solltest du stets respektieren, da sich Gefühle nicht immer im gleichen Tempo entwickeln. Wenn er sich über seine Gefühle im Klaren ist, wird er es auf die eine oder andere Weise zeigen, aber dränge ihn nicht!

7. Hab keine Hemmungen, ihm zu sagen, dass du an ihn denkst!

Im Anfangsstadium einer Beziehung zögern beide Partner oft, dem anderen zu sagen, dass sie aneinander denken – aus Angst, das könnte zu früh sein. Das ist verständlich, da ihr euch beide vor Verletzungen und/oder Enttäuschungen schützen wollt.

Aber ich sage dir: Die Dinge haben sich geändert, und zwar zum Positiven! Es ist heutzutage keine Schande mehr, dem Mann zu sagen, dass man an ihn denkt; das ist sogar ziemlich niedlich!

Du liebst es zu hören, dass er an dich denkt oder dass er dich vermisst, also halte dich nicht zurück, wenn es darum geht, es zu erwidern! Deine Worte werden ihm ein Lächeln ins Gesicht zaubern, ganz sicher!

Natürlich sollst du es damit nicht übertreiben. Sende ihm einfach eine süße SMS, in der du ihm mitteilst, dass du gerade etwas gesehen hast, das dich an ihn erinnert hat. Damit weiß er, dass er jetzt in deinen Gedanken ist.

Das wird er niedlich finden, und selbst wenn er es nicht tut, ist das nicht weiter schlimm, denn es war einfach nur eine beiläufige Nachricht.

Die meisten Kerle werden es zu schätzen wissen. Wenn er sich durch diese süße kleine SMS unter Druck gesetzt fühlt, dann ist er wahrscheinlich sowieso nicht der Richtige für dich.

8. Unterstütze ihn stets und ermutige ihn!

Einer der grundlegendsten Aspekte in einer Beziehung ist, einander zu unterstützen.

Sei für deinen Partner da und zeige ihm, dass du seine Ideen und Ambitionen unterstützt und nicht an ihm zweifelst. Gerade wenn er selbst voller Zweifel ist, braucht er umso mehr eine Cheerleaderin. Sei du diese Person!

Wenn er sich für Sportarten interessiert, die du nicht magst oder die dich überhaupt nicht interessieren, musst du dich nicht plötzlich dafür begeistern. Lerne einfach ein oder zwei Dinge darüber, damit du ihn z. B. fragen kannst, wie sich seine Lieblingsmannschaft in den Play-offs oder Ähnlichem geschlagen hat.

Wenn er auf Klettern steht und du Höhenangst hast, musst du ganz sicher nicht sein Kletterkumpel werden. Frage ihn einfach, wie es gelaufen ist. Dein Mann wird dich dafür lieben, weil deine Frage zeigt, dass du dich tatsächlich für sein Hobby interessiert!

Wenn er auf der Arbeit auf eine wichtige Beförderung hofft und ein nervöses Wrack ist, gieße kein Öl ins Feuer und bringe ihn nicht dazu, noch mehr an sich selbst zu zweifeln. Sag ihm lieber, wie stolz du auf ihn bist und dass er wunderbar ist, egal wie das Ergebnis ausfallen wird! Lass ihn seinen Wert in deinen Augen sehen!

Er wird sich so viel besser fühlen, wenn er dich als seine wichtigste Unterstützerin weiß, egal was er gerade durchmacht. Alles ist viel einfacher, wenn man jemanden an seiner Seite weiß, der einen unterstützt und anfeuert.

Gib deinem Mann all das! Zu wissen, dass du hinter ihm stehst, wird die Bindung, die ihr bereits habt, weiter stärken und ihn überdies erkennen lassen, wie sehr er sich wirklich für dich interessiert. Und ist das nicht alles, was du im Leben wirklich brauchst?

Unterstütze deinen Mann so, wie er dich unterstützt. Schätzt eure Stärken und ermutigt einander da, wo ihr Schwächen habt.

9. Liebe ihn so, wie er ist, und versuche niemals, ihn zu ändern!

Liebe ihn nicht für einzelne Teile von ihm, die dir gefallen, und versuche nicht, die Teile zu ändern, die du nicht magst. So funktioniert Liebe nicht!

Sicher, es wird immer etwas geben, worüber du nicht hocherfreut sein wirst, aber je eher du lernst, ALLES an ihm zu akzeptieren und nicht nur die Teile, die du genießt, desto eher wirst du erfahren, worum es bei der wahren Liebe geht.

Das Zauberwort lautet: Akzeptanz. Der einfachste Weg, ihn dazu zu bringen, sich in dich zu verlieben, ist, ihn genau so zu akzeptieren, wie er ist.

Es wird immer irgendetwas geben, was dich ärgern wird, aber wenn es eine Sache gibt, die ich über Männer gelernt habe, dann ist es, dass man sie nie ändern kann, egal wie sehr man es versucht.

Sie sind, wer sie sind. Selbstverständlich geht es hierbei um die kleinen, lästigen Angewohnheiten; ich spreche hier nicht von körperlichem oder seelischem Missbrauch! Mit allem anderen wirst du leben müssen.

Was ist schon dabei, wenn er eine lästige Angewohnheit hat – wer von uns hat keine? Ich bin sicher, dass er es bei dir genauso empfindet (niemand ist perfekt!), und er hat nie versucht, das an dir zu ändern, richtig?

Also tu du dasselbe für ihn und akzeptiere seine Macken und Fehler als Teil des Gesamtpakets. Das ist der einzige Weg, einen Kerl dazu zu bringen, sich in dich zu verlieben.

10. Höre ihm zu!

Höre ihm nicht nur mit einem Ohr zu, während du gleichzeitig mit deinen Freundinnen chattest oder deinen Instagram-Feed checkst.

Höre ihm wirklich zu, wenn er spricht, und achte dabei auch auf nonverbale Hinweise. Diese sind in der Regel aussagekräftiger als das, was er tatsächlich sagt.

Wenn du ihm aufmerksam zuhörst, wenn er spricht, gibst

du dir selbst die Chance, ihn besser kennenzulernen. Du erfährst, was ihm auf die Nerven geht und wofür er sich im Leben am meisten begeistert.

Achte auf seine Körpersprache. Höre heraus, was er dir *nicht* mit Worten sagt.

Seine Körpersprache, die seine verbalen Worte begleitet, ist äußerst aufschlussreich. Du wirst mit der Zeit in der Lage sein, tief in seinen Geist und in seine Psyche einzutauchen und mehr über ihn herauszufinden, als er vielleicht bereit ist, mündlich mitzuteilen.

Lerne, diese winzigen, nonverbalen Zeichen, die er unwissentlich sendet, zu erkennen und zu deuten. Dadurch wirst du mehr über ihn wissen als durch das, was er tatsächlich sagt.

Höre einfach zu und sei eine gute Partnerin für ihn. Wenn du wissen willst, wie du ihn dazu bringen kannst, sich in dich zu verlieben, wirst du es herausfinden, indem du zuhörst, was er sagt. Es ist wirklich so einfach.

11. Kleine Gesten zeigen ihm, wie sehr du ihn schätzt.

Du liebst es, wenn er dich mit diesen kleinen, alltäglichen Dingen überrascht, bei denen sich immer sein großes Herz für dich offenbart?

Zum Beispiel wenn er sich daran erinnert, wie du vor ein paar Wochen deinen Blick nicht von jenem Buch abwenden konntest, und dich dann an deinem Geburtstag damit überrascht. Oder wenn er deine Lieblingsblumen zur Arbeit schicken lässt, nur um deinen Tag zu verschönern. Oder auch nur die Zubereitung des Kaffees am Morgen, weil er weiß, dass du deinen Tag nicht ohne eine große Tasse schwarzen Kaffee beginnen kannst.

Nun, jetzt bist du dran, dasselbe für ihn zu tun!

Der beste Weg, ihn dazu zu bringen, sich in dich zu verlieben, ist, ihm zu zeigen, wie sehr du ihn schätzt – mit kleinen Gesten, die sein Herz zum Schmelzen bringen werden!

Hier ist wieder das Zuhören gefragt! Hör gut zu, wenn er über Dinge spricht, für die er Leidenschaft empfindet; über Dinge, die er liebt und schätzt, sowie über Dinge, die er sich wünscht, aber nie die Chance dazu bekommen hat.

Finde eine geniale Möglichkeit, um ihn zu überraschen und ihm eines dieser Dinge zu ermöglichen, nach denen er sich sehnt, sie aber aus irgendeinem Grund nie realisiert hat. Das muss nichts Teures sein, solange es von Herzen kommt.

Ermögliche ihm etwas, was ihn dazu bringen wird, zu denken: *„Oh mein Gott, sie hat wirklich zugehört, als ich letzten Monat darüber gesprochen habe. Toll!"*

Er wird es mehr lieben als jedes teure Geschenk. Zu wissen, dass du genau hinhörst, wenn es darum geht, was ihm gefällt und was ihn glücklich macht, und alles daransetzt, es ihm zu ermöglichen, zeigt deine Aufmerksamkeit und deine Hingabe ihm gegenüber.

Wenn das diesen Mann nicht dazu bringt, sich in dich zu verlieben, dann weiß ich ehrlich gesagt auch nicht ... Aber keine Sorge, er wird es, gib ihm einfach die Zeit, die er braucht!

12. Sag niemals etwas gegen seinen Sinn für Humor!

Ich kenne einen Kerl, der diesen seltsamen Sinn für Humor

hat, den nicht jeder versteht. Nun, es ist nun mal sein Humor.

Es kam mir nie in den Sinn, mich dahin gehend negativ zu äußern, denn ist es nicht so, dass jeder von uns seine kleinen Eigenarten hat, die uns von den anderen unterscheiden? Und das ist nun mal eben seine!

Ich finde es lustig, dass, wo immer er ist, er einen Witz erzählen muss, und er fühlt sich dabei so selbstbewusst, egal wie viele Leute lachen (oder nicht lachen). Ich weiß, dass es immer nett gemeint ist, also versuche ich nie, ihm den Spaß zu verderben.

Worum es mir geht: Schätze die Eigenheiten deines Mannes. Denn es ist genau das, was ihn von den anderen unterscheidet und ihn auf seine Weise einzigartig macht.

Der großen Masse zu folgen und sich anzupassen, ist einfach; sich selbst treu zu bleiben, unabhängig davon, was die anderen davon halten, ist hingegen schwierig.

Lass ihn so. Lass ihn ein Spaßvogel sein und lerne, es zu schätzen. Es ist das, was ihn zu dem macht, wer er ist, und das ist der Typ, in den du dich verliebt hast, nicht wahr? Also ändere ihn nicht.

Denke an all die kleinen Dinge, die er vielleicht nicht so toll an dir findet, aber nie etwas sagen würde. Er weiß es besser. Und er hat gelernt, dich für diese Dinge sogar noch mehr zu lieben.

Tu also das Gleiche für ihn. Wenn niemand sonst es tut, lache du über seine Witze und mache ihn glücklich.

13. Vertraue ihm!

Wenn man schon einmal verletzt wurde, fällt es einem nicht leicht, Vertrauen zu haben. Ich verstehe das. Da ist es völlig verständlich, eine Mauer um sich herum zu bauen, um sich selbst zu schützen.

Vertraue ihm dennoch! Dieser Kerl ist nicht der Kerl aus deiner Vergangenheit, der dich verletzt hat, der dein Herz gestohlen und es dann in tausend Stücke gebrochen hat.

Das war ohne Zweifel eine schwierige Zeit, aber das hier ist ein anderer Mann. Ob du es glaubst oder nicht, sie sind nicht alle gleich!

Lerne, ihm zu vertrauen, und sei guter Dinge, dass er tatsächlich der sein könnte, für den er sich ausgibt.

Ich sage nicht, dass du ihm dein ganzes Herz auf einem Silbertablett servieren sollst. Wirf ihm zunächst einen Knochen hin und schau, ob er ihn zu schätzen weiß. Ich vermute, er wird es.

Wenn du normalerweise diejenige bist, die Entscheidungen trifft und die Kontrolle über alles hat, versuche, das Steuer an deinen Mann zu übergeben. Ich weiß, es ist schwer, die Kontrolle zu verlieren, aber es könnte tatsächlich genau das sein, was du brauchst.

Lass ihn dir zeigen, dass er in der Lage ist, sich um dich zu kümmern. Lass ihn dir zeigen, dass er in der Lage ist, Entscheidungen in eurer Beziehung zu treffen, und lass ihn einmal diesen Wochenendtrip planen. Vielleicht wird er dich überraschen!

Wenn er spürt, dass du kein Vertrauen in ihn hast und nicht in der Lage bist, ihn auch nur eine einzige Entscheidung treffen zu lassen, wird er sich das nicht gefallen lassen.

Vertrauen ist ein wesentlicher Bestandteil einer dauerhaften Beziehung. Wenn du willst, dass er sich in dich verliebt, musst du ihm zeigen, dass du ihm genug vertraust, um dein Bedürfnis nach Kontrolle loszulassen und ihm die Kontrolle zu überlassen.

Wenn du ihn wirklich liebst, musst du ihm auch vertrauen. Das ist die Grundlage für eine gesunde Beziehung.

Wenn du willst, dass er auf lange Sicht dein Partner ist, musst du auch ein guter Partner für ihn sein.

14. Bleib unabhängig!

Viele Mädels neigen dazu, nicht mehr richtig zu wissen, wer sie sind, wenn sie sich Hals über Kopf in einen Mann verlieben. Zu Beginn einer Beziehung kann das bis zu einem gewissen Grad verständlich sein, aber dieser Zustand sollte nicht zu lange andauern.

Ein Mann sieht es gerne, wenn eine Frau unabhängig und in der Lage ist, bei Bedarf allein zurechtzukommen.

Es ist eine Sache, ihm das Gefühl zu geben, ihn in bestimmten Situationen zu brauchen, aber du musst ihm auch zeigen, dass du eine eigenständige Frau bist, die ihre Ziele verfolgt und einen Teil ihrer Zeit mit Menschen verbringt, die ihr wichtig sind.

Wie bereits erwähnt, kurze Zeitperioden, welche die Partner getrennt voneinander verbringen, sind in einer Beziehung gesund und notwendig. Sie führen dazu, dass die Partner einander vermissen und sich umso mehr schätzen. Aber ohne ihn nicht in der Lage zu sein, die Straße zu überqueren, ist, gelinde gesagt, unattraktiv.

Sei eine eigenständige Frau und liebe deinen Mann von

ganzem Herzen, aber lass auch ein wenig Raum für andere Dinge, die du leidenschaftlich gern tust.

Verliere nie dich selbst wegen eines Mannes, der sich am Ende womöglich als unbedeutende Episode erweisen kann.

15. Vertritt deine Meinung und fessele ihn intellektuell!

Männer fühlen sich von intelligenten, erfahrenen und ehrgeizigen Frauen angezogen. Diejenigen, die das nicht zu schätzen wissen, sind nicht Männer, sondern Milchbubis.

Führe geistreiche Gespräche mit ihm und zeige ihm, wie intelligent und clever du bist. Taucht ein in tiefgründige Themen, an denen ihr beide interessiert seid, und diskutiert leidenschaftlich miteinander. Sprecht über aktuelle Ereignisse in der Welt.

Lass ihn erkennen, dass du nicht nur ein guter Fang bist. Du hast auch Köpfchen! Wenn er ein kluger Mann ist, wird er sich schon wegen deines Intellekts in dich verlieben.

Es ist großartig, ihn am Sack stimulieren zu können ... aber wenn du seinen Geist stimulierst, dann weißt du, dass du ihn am Haken hast.

Beziehungen neigen dazu, langweilig zu werden, wenn einem der Stoff zum Reden ausgeht. Das darf nicht passieren.

Achte darauf, dass eure Gespräche lebendig bleiben, und verlasse dich nicht nur auf dein Aussehen. Du bist so viel mehr als nur ein guter Fang!

Lass ihn erkennen, wie viel mehr in dir steckt! Wenn er das tut, wird er sich unsterblich in dich verlieben und dich nie wieder gehen lassen!

METHODEN, MIT DENEN ER DICH GARANTIERT VERMISSEN WIRD

„Mit der Entfernung wächst die Liebe im Herzen."

In den meisten Fällen stimmt das, und Frauen wissen genau, wie sie diese Waffe einsetzen können, um ihre Männer machtlos zu machen. Sie haben ihre ganz speziellen Methoden, um sie dazu zu bringen, sie schmerzlich zu vermissen. Die Männer werden mit diesen Methoden weder „ausgetrickst" noch in irgendeiner Weise „getäuscht". Sie werden nur daran erinnert, wie toll ihre Frauen sind und dass sie sich wirklich glücklich schätzen können, sie zu haben. Diese „Waffen" sind sehr effektiv, ohne dass dabei jemand zu Schaden kommt.

Manchmal kann es vorkommen, dass ihr beide euch aus irgendeinem Grund auseinandergelebt habt oder kurz davorsteht, euch zu trennen. In solchen Situationen geht es um alles oder nichts. Da ist man gut beraten, schwere Geschütze aufzufahren, denn wenn man es genau betrachtet, hat man nichts zu verlieren. Wenn er mit dir Schluss machen möchte, wird er es tun, auch wenn du dich auf den Kopf stellst. Deshalb kann es nicht schaden, ein Ass im

Ärmel zu haben, um das Unvermeidliche vielleicht doch zu verhindern.

Wenn ihr euch getrennt habt oder wenn du spürst, dass ihr kurz davor seid, weil es Ärger im Paradies gibt, probiere einige der unten aufgelisteten Methoden, mit denen du ihn dazu bringen kannst, dich schmerzlich zu vermissen.

„Wer nichts riskiert, kann auch nichts gewinnen."

1. Brich den Kontakt ab!

Wenn du jemanden liebst, ist es völlig normal, dass du mit ihm zusammen sein und täglich mit ihm kommunizieren möchtest. Wenn du willst, dass er dich vermisst, brich den Kontakt zu ihm ab. Schalte einen Gang runter. Es ist normal, dass du gerade jetzt jede Sekunde mit ihm verbringen möchtest, aber in Anbetracht der Umstände musst du diesem natürlichen Drang widerstehen.

Die meisten Frauen können nicht anders und schreiben ihren Männern trotzdem. Auch mir ist das schon passiert. Ich wusste, was ich erreichen wollte, aber ich konnte einfach nicht anders, also schrieb ich ihm.

Wenn es dir gelingt, den Kontakt abzubrechen, wird er beginnen – das verspreche ich dir! –, sich zu fragen, warum du nicht auf seine Nachrichten und Anrufe antwortest, und höchstwahrscheinlich wird er etwas dagegen unternehmen. Er wird anfangen, dich zu vermissen.

Denke daran: Du musst konsequent sein, wenn du dein Ziel erreichen möchtest!

2. Lass ihn gehen!

Du musst aufhören, seine Profile in sozialen Netzwerken zu

durchstöbern. Du musst aufhören zu meckern, wenn er nachts spät nach Hause kommt. Du musst aufhören, ihn zu kontrollieren, wenn er mit seinen Freunden unterwegs ist. Du musst einfach so tun, als hättest du das Interesse an ihm verloren. Tu so, als wärst du nicht mehr so scharf auf ihn. Lass ihn tun, was immer er tun will. Wahrscheinlich wird er bestimmte Dinge sogar absichtlich tun, um zu sehen, wie weit du gehen wirst. Halte dem Druck stand und zieh durch, was du begonnen hast.

Das wird ihn zum Nachdenken bringen. Er wird beginnen durchzudrehen, weil er glauben wird, dass du nicht mehr auf ihn stehst, und er wird mit Sicherheit alles in seiner Macht Stehende tun, um dich zurückzuerobern.

3. Beende als Erste das Gespräch!

Nachdem du den Kontakt zu ihm abgebrochen oder reduziert hast, wird er dich als Erster kontaktieren. Er wird dir Nachrichten schreiben oder dich zum Plaudern anrufen. Jedes Mal, wenn ihr miteinander redet, musst du immer diejenige sein, die das Gespräch beendet – ob du nun als Erste auflegst oder „Gute Nacht" schreibst.

Ich weiß, dass das schwer für dich sein wird, weil er dir wichtig ist und alles in dir danach schreit, mit ihm zu reden, *aber du musst stark bleiben, um zu bekommen, was du willst!* Er muss spüren, wie es wäre, wenn er dich nicht mehr in seinem Leben hätte!

4. Verbringe mehr Zeit mit deinen Freunden!

Nein, es geht hier nicht darum, so zu tun, als *hättest* du Spaß, indem du Fotos in sozialen Netzwerken postest. Das ergibt keinen Sinn. Du musst *wirklich* glücklich sein und eine tolle Zeit haben. Geh mit deinen Freunden aus, genieße die Zeit und versuche, nicht an ihn zu denken. Versuche, ihn aus deinem Gedächtnis zu löschen, um den Druck zu reduzieren.

Entspanne dich und vergiss ihn für ein paar Stunden. Gönne dir ein paar Drinks, gehe zu einem Konzert – lass einfach deine Seele baumeln. Zeige ihm, dass du auch ohne ihn Spaß haben und das Leben genießen kannst. Er ist nicht das Zentrum deines Universums (zumindest sollte er das nicht sein!) und das musst du ihm klarmachen.

5. Bring ihn dazu, dass er mehr von dir will!

„Man soll immer dann gehen, wenn's am schönsten ist", heißt es. Das ist nicht einfach, insbesondere wenn du verrückt nach ihm bist, aber wenn du alle deine Karten sofort auf den Tisch legst, wo bleibt dann das Geheimnis?

Wenn du sofort alles von dir offenbarst, wird er sich schnell langweilen. Zeig dich ihm stattdessen peu à peu, sodass du ihn jedes Mal, wenn ihr zusammen seid, mit etwas Neuem überraschen kannst. Du wirst sehen: Er wird süchtig nach dir werden!

Ladys, am Ende kommt es nur darauf an, dass ihr ihm zeigt, dass ihr euch selbst liebt und dass es euch gut gehen wird – mit ihm oder ohne ihn!

HÖR AUF, IHM HINTERHERZULAUFEN, UND SCHAU, WAS PASSIERT – 6 RESULTATE, DIE DARAUS FOLGEN KÖNNEN

Ich wiederhole immer wieder, dass die Männer *uns* hinterherlaufen müssen; dass wir es verdient haben, erobert zu werden! Weißt du, was das Absurde daran ist? Wenn ich mich selbst anschaue, erkenne ich, dass ich mir den Arsch aufreiße, damit meine Beziehung funktioniert – aber wofür eigentlich? Für fünf Minuten seiner Zeit? Für fünf Minuten seiner Liebe?

Scheiß drauf!

Wir haben es verdient, dass man *uns* hinterherjagt, aber warum sind dann wir diejenigen, die Jagd auf die Männer machen? Warum geben wir uns so viel Mühe, damit alles funktioniert? Damit unsere Beziehung funktioniert?

Ich sage dir, warum – weil wir so erzogen wurden und uns beigebracht wurde, dass *wir* uns um unsere Beziehung kümmern müssten. Aber es braucht *zwei* für die Liebe, es braucht *zwei* für eine Beziehung. Es ergibt keinen Sinn, die Einzige zu sein, die sich bemüht und abkämpft.

Die folgenden Zeilen sind an diejenigen gerichtet, die es satthaben, sich immer für die falschen Männer den Arsch aufzureißen.

Hör auf, ihm hinterherzulaufen, und schau, was passiert. Jedes der 6 folgenden Resultate ist allemal besser als die Situation, in der du dich zurzeit befindest.

1. Er vermisst dich.

Vieles lernt man erst dann zu schätzen, wenn man es verloren hat – das ist sogar wissenschaftlich bewiesen. Das gilt wahrscheinlich auch für ihn. Sobald du anfängst, dich selbst an die erste Stelle zu setzen und all die Energie zu nutzen, die du an ihn verschwendet hast, wird ihm klar werden, dass er dich vermisst. Er hat die Aufmerksamkeit genossen, mit der du ihn überschüttet hast; er hat es genossen, erobert zu werden; und jetzt, wo du weg bist, vermisst er das alles. Er wird dein herzliches Lachen und dein charmantes Lächeln vermissen, und er wird deine unglaubliche Energie vermissen, die ihn angetrieben hat.

Wirf einmal einen Blick auf dein Leben von früher und vergleiche es mit deinem Leben von heute. Du warst die Königin deines eigenen Universums, standest im Zentrum deiner Bedürfnisse, bist deinen Wünschen und Träumen nachgegangen – so, wie du es wirklich verdient hast. Ist er es wirklich wert, das alles aufzugeben?

Wenn er jetzt immer noch erwartet, dass du ihm hinterherläufst, nachdem er dir wochenlang das absolute Minimum an Aufmerksamkeit geschenkt hat, muss er den Verstand verloren haben. Ich weiß, es ist schwer, etwas aufzugeben, wofür man so hart gearbeitet hat; ich weiß, es ist schwer, aufzuhören, jemandem hinterherzulaufen, in den man wirklich verliebt ist. Aber es ist höchste Zeit, dass *er* anfängt, *dir* hinterherzulaufen. Es ist an der Zeit, dass er dir die Liebe gibt, die du verdient hast. Und wenn er es nicht tut, weg mit ihm!

2. Du hast weniger schlechte Verabredungen – dafür mehr Freizeit.

Das Problem mit Männern, die erobert werden wollen, ist, dass sie entweder nicht interessiert sind oder einen Ego-Schub brauchen. Und du gibst ihm diesen Ego-Schub. Die Liebe, die du für ihn empfindest, macht es leichter für dich, viele Ausreden für sein Verhalten zu finden, so viele Kompromisse zu schließen und Opfer zu bringen, die du normalerweise nicht bringen würdest. Aber ist er das wirklich alles wert?

Jedes Mal, wenn ihr beide zusammen wart, hattest du das Gefühl, dass es „geliehene Zeit" war, dass er sich im Grunde genommen zu dem einzigen freien Termin in seinem Kalender mit dir getroffen hat, anstatt sich für dich Zeit zu nehmen. Denn das tut man, wenn man jemanden mag, das hast du für ihn getan. Und jetzt, da du all diese schlechten Verabredungen nicht mehr wahrnehmen musst, hast du viel mehr Zeit für dich selbst.

All die Zeit, in der du auf ihn gewartet hast, kannst du jetzt nutzen, um deine Träume zu verwirklichen. All die Zeit, in der du von ihm besessen warst und dich gefragt hast, was zum Teufel in seinem Kopf vorgeht, kannst du nun deinen Leidenschaften und deinem Leben widmen. Du hast jetzt die Chance herauszufinden, was dich glücklich macht, und kannst die vielen Vorteile des Single-Lebens kennenlernen.

Sobald du dich in dein Leben verliebt hast, wird alles andere seinen Platz finden, auch dein Liebesleben.

3. Er fängt an, dir hinterherzulaufen.

In dieser Situation fängt er an, egoistisch zu denken. Er denkt darüber nach, wie schön es war, Zeit mit dir zu verbringen, was es für ihn bedeutet hat, dich an seiner Seite zu haben. Er wird sich an all die Treffen erinnern, bei denen ihr eine tolle Zeit miteinander hattet, und er wird sie natürlich wieder erleben wollen. Aber du bist nicht mehr da, also bleibt ihm nichts anderes übrig, als dir hinterherzulaufen.

Männer sind Jäger oder so etwas in der Art, aber im Grunde genommen genießen sie es, sowohl zu jagen als auch gejagt zu werden. Die perfekte Kombination wäre also, ihm beides zu ermöglichen. Du hast deinen Part im Jagdspiel gespielt, du hast ihm gezeigt, dass du interessiert bist, du hast ihm gezeigt, dass ihr zwei ein tolles Paar seid und dass es eine Menge Dinge gibt, die ihr gemeinsam habt. Du hast ihm gezeigt, dass es toll ist, Zeit mit dir zu verbringen, und dass es überhaupt nicht langweilig ist, den ganzen Tag miteinander zu schreiben. Jetzt ist er an der Reihe.

Hör auf, ihm zu schreiben und ihn anzurufen; hör auf, ihm Einblicke in dein Leben zu geben, und tu so, als wärt ihr nur Bekannte. Die Angst, dass er dich verlieren könnte, wird ihn in Panik versetzen und seinen Jagdmodus aktivieren. Ich denke mir diesen Mist nicht aus; in dieser Phase der Kontaktsperre wird er tatsächlich anfangen, dir zu schreiben und sich Zeit für dich zu nehmen.

Er wird dir alles Mögliche schicken, nur um einen Grund zu haben, ein Gespräch mit dir anzufangen. Er wird dir

Komplimente machen, und jedes Mal, wenn du darauf reagierst, wird er voller Stolz sein. Denn Männer lieben es, wenn ihre Mühe anerkannt wird. Jedes Mal, wenn er dich mit seinen „Verführungskünsten" sprachlos macht, wird er das als Belohnung empfinden. Et voilà – du hast dir einen Mann geangelt, und zwar genau in dem Moment, in dem du aufgehört hast, ihm hinterherzulaufen. Und in der Zwischenzeit hattest du eine Menge Spaß und Zeit nur für dich.

4. Du fängst an, Männer zu bemerken, die wirklich an dir interessiert sind.

Es ist unmöglich, jemand anderes zu bemerken, während du hinter einem bestimmten Mann her bist. So funktionieren wir Frauen nun mal. Du hast nur Augen für ihn, also kannst du keinen anderen Mann sehen, der total in dich verliebt ist. Du hast nur Ohren für ihn, also kannst du die Liebe in der Stimme eines anderen nicht hören. Weil du von der Liebe zu ihm besessen warst, konntest du nicht die Männer sehen, denen es eine Ehre wäre, dich an ihrer Seite zu haben.

Jetzt hast du die Chance, genau das zu tun. Nur weil du dich zurückziehst, bedeutet das nicht, dass mit eurer Liebe Schluss ist. Aber anstatt dir Gedanken darüber zu machen, ob du eure Beziehung für immer beenden sollst, solltest du sie einfach erst einmal auf Eis legen. Du hast ihn nicht komplett aufgegeben, du machst nur eine Pause. Hab keine Scheu, dich währenddessen anderen Männern zu öffnen. Du musst nichts mit ihnen anfangen oder ein Liebesabenteuer suchen; lass dich einfach von jemand anderem inspirieren.

Gib jemand anderem die Chance, ein Teil deines Lebens zu

werden, vielleicht einem Freund oder dem süßen Typen an der Bar, der dir gute Laune macht (oder vielleicht auch etwas mehr). Du weißt nie, was das Leben für dich bereithält, und wirst es auch nie erfahren, wenn du dich nicht öffnest. Hab keine Scheu, neue Leute kennenzulernen. Am Ende wirst du vielleicht positiv überrascht sein.

5. Du kannst die Beziehungen zu deinen Freunden wieder auffrischen.

Wir haben manchmal die Tendenz, uns so sehr in der Liebe zu verlieren, dass wir uns allmählich von unseren Freunden und unserer Familie entfernen. Das muss nicht dramatisch sein, aber es reicht trotzdem, um eine gewisse Distanz zu spüren, wenn man sich dann doch endlich mal mit ihnen trifft. Du spürst, dass du ihnen nicht von den Problemen erzählen kannst, die du gerade durchmachst, und du hast Angst, sie könnten dich dafür verurteilen. Aber das stimmt nicht. Sie halten zu dir und würden dich niemals verurteilen.

Sie haben dich bitterlich weinen sehen und lieben dich immer noch. Sie haben dir die Haare zurückgehalten, während du dich übergeben hast, und sie lieben dich immer noch. Sie waren an deiner Seite, als du über Trennungen hinwegkommen musstest, und sie haben dir geholfen, dein gebrochenes Herz wieder zusammenzuflicken. Sie werden immer hinter dir stehen.

Das ist eine großartige Gelegenheit für dich, diese Beziehungen wieder aufzufrischen. Organisiere einen Wochenendausflug und gehe mit deinen Freunden zu einer Weinprobe oder mache über das ganze Wochenende eine Pyjamaparty, mit jeder Menge alberner Filme und einem Haufen Fast Food. Geht in einen Klub und macht irgendetwas Abenteuerliches – etwas, wovon ihr noch euren Enkelkindern erzählen könnt. Betrachte diese Zeit als eine perfekte Gelegenheit, so zu tun, als gäbe es kein Morgen und als wäre heute die letzte Nacht deines Lebens. Und in der Nacht darauf und an jedem nächsten Morgen tust du das Gleiche. Betrachte es als eine Chance, dein Leben zu etwas wirklich Außergewöhnlichem zu machen.

6. Du fängst an, dein Leben zu genießen.

Das ist wahrscheinlich das beste Ergebnis von allen. In diesem Fall verliebst du dich in dein Leben, anstatt dich in ein Arschloch zu verlieben, das dich nicht zu schätzen weiß. Du erkennst endlich, dass er dich in die Finsternis geführt hat, dass er das Feuer in dir gelöscht hat. Nicht unbedingt, weil er ein Mistkerl ist, sondern weil er Teile von dir genommen und nie etwas zurückgegeben hat.

Wenn du viel Mühe, Einsatz und Liebe in jemanden investierst und diese Person nie etwas zurückgibt, wirst du völlig leer und ausgelaugt. Sobald du aber lernst, wie man allein sein kann, sobald du anfängst, Zeit mit dir selbst zu verbringen und sobald du die Kunst der Selbstliebe beherrschst, wirst du überrascht sein, wie wunderbar das Leben sein kann. Du wirst jede einzelne Sekunde davon genießen!

Wie auch immer das Ergebnis ausfallen wird, es wird allemal besser sein, als in einer einseitigen Beziehung festzusitzen. Vielleicht hast du Angst davor, weil du ihn liebst, weil du dich für ihn entschieden hast und er das einfach so verzockt hat. Vielleicht hast du große Angst vor dem Alleinsein, jetzt, da du es gewohnt bist, ihn um dich herum zu haben, obwohl du eigentlich weißt, dass er der Falsche ist – zumindest so, wie er sich derzeit verhält. Aber dieses Risiko musst du eingehen. Hör auf, ihm hinterherzulaufen, und schau, was passiert – du wirst entweder jemanden verlieren, den du nie wirklich hattest, oder du wirst jemanden bekommen, der deiner würdig ist. So oder so – es ist immer eine Win-win-Situation.

4

WENN ES INTIM WIRD …

Da du jetzt schon so weit gekommen bist und ich absolut keinen Zweifel daran habe, dass du erfolgreich warst, ist es nun an der Zeit, dass wir uns den sensiblen Themen widmen. Meine Damen, es ist höchste Zeit, über Sex zu reden! Es ist Zeit, über alles zu reden, was hinter verschlossenen Türen passiert – und zwar über jedes Detail. Ich wünsche dir viel Spaß dabei!

Entspanne dich ... Es gibt nichts, wofür du dich schämen müsstest. Betrachte mich als eine Freundin, die dir nützliche Ratschläge zum „Big Bang" gibt.

Ich weiß, dass der Sex-Teil der beste Teil ist, aber bevor wir dort ankommen, müssen wir erst einmal ein paar grundlegende Dinge durchgehen, nicht wahr? Ich werde einfach so tun, als würdest du mit dem Kopf nicken, und fortfahren.

Wie ich schon sagte: Lass es langsam angehen. Während du weiterliest, wirst du merken, was du alles aus jemandes Verhalten in alltäglichen Situationen erfahren kannst. Du wirst sehen, was dir die Körpersprache eines Menschen verraten kann. Du hast definitiv schon viel bemerkt, aber möglicherweise hast du noch nicht auf die verborgene Bedeutung seiner Gesten geachtet, z. B. seiner Umarmung.

Ich werde dich im Folgenden auf eine spannende Reise durch seinen Kopf führen. Danach wirst du wissen, dass die Art und Weise, wie ein Mann dich berührt, absolut alles über seine Gefühle für dich verraten kann.

Ja, ich weiß, es dreht sich meistens alles um Signale, aber unterschätze auch nicht deine Intuition. Manchmal weißt du einfach, dass ein Typ dich mag. Du spürst es einfach. Du spürst dieses Knistern zwischen euch, die Chemie stimmt, du fühlst dich toll. Und jetzt? NUTZE SIE!

Das führt uns langsam, aber sicher zu dem, was hinter verschlossenen Türen passiert. Habt ihr nur Sex oder macht ihr Liebe? Wo ist der Unterschied? Woran kannst du erkennen, dass er dich mag, wenn er die Nacht bei dir verbringt?

Ich verspreche dir, ich habe die Antwort!

WAS SEIN KUSCHELSTIL ÜBER SEINE GEFÜHLE FÜR DICH AUSSAGT

Männer sind nicht gerade offen, wenn es darum geht, ihre Gefühle gegenüber Frauen auszudrücken; zumindest die meisten nicht. Deshalb sprechen ihre Taten lauter als ihre Worte.

Wie ein Mann sich dir gegenüber verhält, ist das erste und wichtigste Anzeichen – die Art und Weise, wie er dich behandelt und wie viel er in dich und eure Beziehung investiert.

Daneben gibt es diese süßen kleinen Anzeichen, wie seine Körpersprache, seine Berührungen, seine Küsse sowie die Art und Weise, wie er mit dir kuschelt. Selbst wenn er sich scheut, direkt über seine Gefühle zu sprechen (weil er glaubt, dass er dadurch weniger Mann wäre), wird sein Kuschelstil über ihn aussagen:

Kuschelchaos

Er weiß nicht genau, was er will, aber er will dich bei sich haben, deswegen ist sein Kuschelstil ein wenig chaotisch. Er möchte, dass du ihm nahe bist, aber nicht zu nahe.

Deshalb wird er ab und zu mit dir verschiedene Kuschelpositionen ausprobieren, bis ihr die perfekte gefunden habt. Wenn er von Natur aus so unentschlossen ist wie beim Kuscheln, könnte es eine Weile dauern, bis er seine wahren Gefühle für dich offenbart.

Face to Face

Er ist nicht nur in dich verliebt, er fühlt sich auch wie der glücklichste Mann auf Erden, weil er diesen Moment mit dir genießen kann. Er schaut auf dein Gesicht, damit er deine Reaktionen sehen kann, während er deinen Arm zärtlich streichelt. Er möchte dein Lächeln genießen, während ihr redet, und dich einfach eine Weile anschauen, denn in seinen Augen und in seinem Herzen gibt es niemand Schöneren.

Und noch wichtiger: Wenn ein Mann und eine Frau sich Auge in Auge gegenüberstehen, ist das ein Zeichen von Vertrauen.

Dein Kopf an seiner Brust

Du liegst ihm metaphorisch und buchstäblich am Herzen. Er möchte, dass du dich bei ihm sicher fühlst, und er hat dieses natürliche und wahrscheinlich unterbewusste Bedürfnis, dich zu beschützen. Wahrscheinlich wird er für dich da sein wollen, deine Einkaufstaschen tragen, dein Handwerker im Haus sein etc.

Im Schlafzimmer wird er oben sein wollen und dominanter sein, aber auch das ist etwas Großartiges.

Er lehnt sich an dich an.

Sein Kopf kann auf deiner Brust oder auf deinem Schoß liegen und du streichelst sein Haar, damit er sich wohlfühlt. Wenn das seine allerliebste Kuschelposition ist, bedeutet das, dass er dich braucht.

Er braucht eine starke, unabhängige Frau, auf die er sich verlassen kann. Er wirkt vielleicht etwas bedürftig, als bräuchte er Aufmerksamkeit, einen Ego-Schub und etwas Unterstützung. Wenn du eine dominante Frau bist, ist er genau der richtige Mann für dich.

Einarmiges Kuscheln

Das ist etwas knifflig. Offensichtlich steht er nicht auf Kuscheln, also gibt er sein absolutes Minimum. Das hat zwei mögliche Bedeutungen.

Die erste wäre, dass ihm klar ist, dass man kuscheln muss und dass er sich Mühe gibt, obwohl es nicht sein Ding ist. Die zweite hört man nicht gerne, aber es kann sein, dass er nicht so sehr auf dich steht, also will er es nicht einmal versuchen.

Löffelchen

Man könnte seine Lieblingskuschelposition als Körper an Körper zusammengerollt bezeichnen. Normalerweise befindet sich dabei dein Hintern genau an der richtigen

Stelle … gegen seine Männlichkeit gepresst. Und er hat die Hände frei, um vorn zu erforschen.

Das Erste, was er damit sagen möchte, ist, dass er sich sexuell sehr stark zu dir hingezogen fühlt. Wenn er sich in anderen Aspekten eurer Beziehung richtig verhält und dadurch seine Emotionen für dich ausdrückt, ist das neben dem Kuscheln ein klares Zeichen dafür, dass er dir nahe sein möchte.

ZEICHEN, DIE EINDEUTIG DARAUF HINDEUTEN,DASS DIE CHEMIE ZWISCHEN ZWEI MENSCHEN STIMMT

Hast du jemals jemanden getroffen und dich sofort zu ihm hingezogen gefühlt, so als würden Funken von deinem Körper zu seinem wandern und ihn zum Beben bringen? Du hast dich so gefühlt, als hättest du eine außerkörperliche Erfahrung gemacht, irgendetwas hat einfach „klick" gemacht und plötzlich warst du in einer Welt, die wie für euch zwei gemacht ist. Deine Intuition flüsterte dir zu, dass er dasselbe empfand. Nun, das passiert, wenn die Chemie zwischen zwei Menschen stimmt.

Die Sache mit der Chemie ist, dass sie nicht erzwungen werden kann. Sie stellt eine natürliche Anziehungskraft zwischen zwei Menschen dar – die Art von Verbindung, nach der sich jeder sehnt, die aber nur wenige Menschen wirklich erfahren. Gegenseitige Anziehungskraft ist eine der besten Grundlagen für den Aufbau einer Beziehung, aber sie sagt nicht unbedingt etwas über die Kompatibilität zweier Partner aus und kann auch täuschen.

Also, es ist zwar wichtig, dass die Chemie stimmt, noch wichtiger ist es jedoch, was die Betreffenden nun daraus machen. Die Menschen, zwischen denen es knistert, müssen jetzt herausfinden, ob es neben dieser Chemie noch etwas anderes gibt als nur reine Anziehungskraft.

Passen sie auf allen anderen Ebenen auch zusammen? Besitzen sie das, was nötig ist, um eine Beziehung aufzubauen? Sind sie Seelenverwandte? Gibt es Anzeichen von emotionaler Anziehungskraft?

Generell lässt sich sagen, dass die richtige Chemie zwischen zwei Menschen als ein enormes Potenzial für eine vielversprechende Beziehung betrachtet werden kann. Sie ist möglicherweise der erste Schritt zu etwas Wunderbarem, wenn diese zwei Menschen kompatibel sind und beide Seiten bereit und engagiert sind, eine Beziehung aufzubauen.

Wenn du mit jemandem diese Art von Magnetismus erlebt hast und glaubst, dass da noch etwas mehr zwischen euch sein könnte, dann wird es ein paar eindeutige Zeichen geben:

1. Faszination

Ihr fühlt euch ohne ersichtlichen Grund zueinander hingezogen. Obwohl ihr nur wenige Worte miteinander gewechselt habt und euch kaum kennt – dieses Gefühl der Vertrautheit ist die ganze Zeit da. Es fühlt sich so an, als hättet ihr euch bereits näher kennengelernt. Du hast das Gefühl, dass du genauso oft in seinen Gedanken bist wie er in deinen und du kannst nicht erklären, warum das so ist. Zwischen euch beiden herrscht eine gewisse Atmosphäre, und obwohl man sie nicht sehen kann, kann man sie sehr deutlich spüren. Diese Atmosphäre zieht euch zueinander hin.

2. Die Augen lügen nie!

Ihr könnt einfach nicht die Augen voneinander lassen. Manchmal habt ihr auch längeren Augenkontakt, obwohl es nicht immer einfach ist, sich gegenseitig tief in die Augen zu schauen. Wenn du merkst, dass er dich beim Anstarren erwischt hat, schaust du schnell weg und tust so, als wäre nichts passiert. Er tut das Gleiche. Das mag kindisch aussehen, aber es ist echt. Dieses infantile Verhalten ist ein Teil eurer Anziehungskraft und verstärkt sie noch.

3. Dein Lächeln verrät dich!

Jedes Mal, wenn du dem Subjekt deiner Zuneigung begegnest, kannst du einfach nicht anders, als zu lächeln. Dein Lächeln zeichnet sich nicht nur auf deinem Gesicht ab, du lächelst mit deinem Herzen und mit deiner Seele. Wenn das der Fall ist, dann ist die Zuneigung, die ihr zueinander empfindet, unbestreitbar. Es ist schon seltsam, wie jemand, der praktisch ein Fremder ist, dir den ganzen Tag versüßen kann – einen besseren Beweis für die richtige Chemie gibt es nicht!

4. Ihr sprecht die gleiche Sprache.

Ich würde gerne die „Sprache der Liebe“ sagen, aber das klingt so kitschig, obwohl es wahr ist. Es ist so, als hättest du einen Teil von dir in jemand anderem gefunden. Als hättest du zugleich einen neuen besten Freund gefunden, jemanden, dem du vertrauen kannst.

Ganz egal, worüber ihr redet, ihr braucht keine langen Erklärungen, um euch gegenseitig zu verstehen. Ihr könnt die Sätze des anderen beenden. Ihr habt ähnliche Ansichten. In einem Raum voller Leute seid ihr zwei die Einzigen, die über den gleichen Witz lachen. Oder ihr sprecht beide fließend Sarkasmus.

5. Angenehme Stille

Selbst wenn ihr miteinander schweigt, fühlt ihr euch wohl. Ihr müsst nicht zwingend miteinander sprechen, wenn ihr mal keine Lust zum Reden habt. Vielleicht seid ihr nach einem anstrengenden Tag müde und erschöpft oder euch ist aus irgendwelchen anderen Gründen gerade nicht nach Reden zumute. Was auch immer es ist, die Stille zwischen euch beiden ist nie unangenehm. Und selbst wenn ihr nichts sagt, spürt ihr die Nähe des anderen, und das bringt euch sowohl Frieden als auch Freude.

6. Du hast Schmetterlinge im Bauch!

Jedes Mal, wenn du weißt, dass du ihn treffen wirst, bist du nervös. Aber es ist ein gutes Gefühl, denn du bist so aufgeregt, weil du weißt, dass du jemanden sehen wirst, den du wirklich, wirklich magst. Vor lauter Vorfreude hast du das Gefühl, dass du jeden Moment platzen wirst! Und wenn ihr euch dann endlich trefft, fangen eure Herzen an, wie verrückt zu schlagen, dass ihr sie fast schon hören könnt. Diese Nervosität überkommt euch jedes Mal, wenn ihr zusammen seid, und macht euch ein bisschen zittrig, ein bisschen albern und auch ein bisschen tollpatschig.

7. Ihr seid immerzu aufeinander fixiert.

Selbst wenn ihr unter Freunden oder in einer größeren Gruppe von Menschen seid, du bist immer auf ihn fixiert, auch wenn ihn sonst keiner beachtet. Er registriert deine subtilen Signale, auch die nonverbalen, und sein Feedback ist ebenso subtil. Du konzentrierst dich ausschließlich auf ihn. Wenn das der Fall ist, gibt es keinen Zweifel daran, dass die Chemie zwischen euch stimmt.

8. Eure Körpersprache spricht Bände.

Es geht nicht nur darum, sich gegenseitig in die Augen zu schauen und Blicke auszutauschen; wenn du genau hinschaust, wirst du sehen, dass sich seine Pupillen erweitern. Laut Wissenschaftlern passiert das, wenn wir uns in unmittelbarer Nähe einer Person befinden, die uns gefällt, und wir uns sehr darüber freuen, sie zu sehen. Daneben gibt es weitere Signale mittels Körpersprache, die vieles über die passende Chemie verraten, wie z. B. tiefes Durchatmen, rosige Wangen, gegenseitiges Nachahmen von Bewegungen, Lippenlecken, Anlehnen, leichte Berührungen am Arm u. a. m. Fazit: Mit der Körpersprache können wir nicht verbergen, ob wir uns zu jemandem hingezogen fühlen oder nicht; ganz im Gegenteil: Die Körpersprache ist ein unübersehbares Signal, das darauf hindeutet, ob die Chemie zwischen zwei Menschen stimmt oder nicht.

9. Vorfreude auf das nächste Treffen

Ihr könnt es kaum erwarten, euch wiederzusehen. Ihr zählt die Tage, Stunden und Minuten, bis ihr endlich wieder zusammen seid. Dabei ist es gar nicht wichtig, was ihr tut oder wohin ihr geht – zusammen zu sein ist das Einzige, was für euch zählt und was euch glücklich macht. Ihr arrangiert Gruppentreffen, nur damit ihr euch sehen könnt. Ihr seid immer die Letzten, die diese Treffen verlasst, weil ihr stundenlang über Gott und die Welt redet. Und irgendwann wird euch klar, dass ihr einander am liebsten nie mehr aus den Augen lassen wollt.

10. Gegenseitiges Necken

Ihr ärgert einander ohne bestimmten Grund. Das tut ihr, weil ihr eine Reaktion provozieren wollt oder weil ihr das „Territorium" des anderen abtasten möchtet. Ihr würdet den anderen aber niemals in irgendeiner Weise beleidigen oder gar verletzen. Das hier ist ein gegenseitiges Necken, mit dem ihr vielmehr eure gegenseitige Zuneigung kundtut. Eure Freunde haben das wahrscheinlich schon bemerkt und euch ein „altes Ehepaar" genannt.

11. Subtiles Flirten

Ihr wollt nicht, dass jemand bemerkt, dass zwischen euch beiden mehr läuft, als man auf den ersten Blick erkennen kann. Das liegt vermutlich daran, dass ihr selbst noch etwas unsicher seid, was eure gegenseitige Zuneigung betrifft, und deshalb flirtet ihr subtil.

Harmlose Küsse auf die Wange elektrisieren euch; Umarmungen dauern länger, als sie sollten; und wenn ihr euch drückt, streichelt ihr möglicherweise mit der Hand den Rücken des anderen. Jeder körperliche Kontakt ist höflich und freundschaftlich, aber gleichzeitig auch so voller Spannung, dass man es regelrecht knistern hören kann.

Wenn ihr miteinander flirtet, versucht ihr, das nicht allzu offensichtlich zu machen. Vielleicht schreibt ihr euch auch ein paar flirtige SMS. Diese Nachrichten dienen dazu, dass ihr euch auch dann noch sehr nah und miteinander verbunden fühlt, wenn ihr gar nicht zusammen seid. Wenn das der Fall ist, stimmt die Chemie zwischen euch.

12. Zeit ist relativ.

Jedes Mal, wenn ihr Zeit miteinander verbringt, verliert ihr das Zeitgefühl. So fühlen sich 5 Stunden, in denen ihr miteinander rumhängt, eher wie 5 Minuten an. Die Zeit verfliegt so schnell, dass ihr es nicht einmal merkt. Wie heißt es so schön? „Wenn man Spaß hat, vergeht die Zeit wie im Fluge."

Aber die Zeit vergeht auch wie im Fluge, wenn man mit der richtigen Person zusammen ist. Mit der richtigen Person hat man unzählige Themen, über die man reden kann; Langweile ist ein Fremdwort. Selbst wenn ihr einfach nur still dasitzen würdet, ohne ein Wort zu sagen, würdet ihr trotzdem die Gesellschaft des anderen genießen.

Ihr habt euch auf eine Art und Weise miteinander verbunden, die ihr nie für möglich gehalten hättet. So etwas habt ihr noch nie mit jemand anderem erlebt. Deshalb verrinnt die Zeit immer viel zu schnell.

13. Auf die kleinen Dinge kommt es an.

Du siehst, dass er ein neues Hemd anhat, und machst ihm ein Kompliment. Du bemerkst seinen neuen Haarschnitt, mit dem er so heiß aussieht. Er erinnert sich, dass du gesagt hast, dass du Kokosnussschokolade liebst, also überrascht er dich beim nächsten Mal mit genau dieser Schokolade. Du weißt, wie er seinen Kaffee am liebsten mag. Er kann sich an eine Geschichte erinnern, die du ihm vor einem Monat erzählt hast.

Es sind diese kleinen (aber unglaublich wichtigen!) Dinge, die zeigen, wie viel man einander bedeutet. Jene Details, die alle anderen vergessen. Du jedoch merkst dir solche Dinge, weil dir die andere Person so unglaublich wichtig ist – und noch viel mehr als das!

14. Rätselhaftigkeit und Vorfreude

Du musst die Person, zu der du dich hingezogen fühlst,

nicht unbedingt sehr gut kennen. Die Rätselhaftigkeit der anderen Person ist genau das, was dich in den Bann zieht. Du willst immer mehr über die andere Person erfahren. Und so fängst du an, nach Möglichkeiten zu suchen, um das zu erreichen.

In gewisser Weise steht ihr beide vor einem Rätsel, das ihr lösen wollt. Ihr habt zwar bereits einige Fakten und Kenntnisse übereinander gesammelt, aber das meiste davon sind lediglich Vermutungen. Wenn ihr euch nun also besser kennenlernt und das Rätsel löst, werdet ihr auch erkennen, ob diese Anziehungskraft zwischen euch wirklich von Bestand ist und ob es eine solide Grundlage gibt, auf der ihr eure Beziehung aufbauen könnt.

Es ist nie eine gute Idee, zu früh zu viel von sich zu offenbaren. Nehmt euch also Zeit, gemeinsam das Rätsel zu lösen. Lernt euch Schritt für Schritt näher kennen. Dabei kann ein wenig Rätselhaftigkeit die Vorfreude sogar steigern.

15. Unwiderstehliche sexuelle Spannung

Die Anziehungskraft zwischen euch beiden macht jede Situation, in der ihr euch befindet, spannend. Ihr fühlt euch unglaublich zueinander hingezogen, auch in sexueller Hinsicht. Eure Witze sind voller sexueller Andeutungen. Eure Körper sind voller sexueller Spannung, die nur darauf wartet, erlöst zu werden.

Körperliche Anziehungskraft und sexuelle Spannung sind zwar nicht die wichtigsten Zeichen dafür, dass die Chemie zwischen euch stimmt, aber sie sind genauso wichtig wie die anderen Punkte. Die beste Kompatibilität ist die, welche alle Komponenten – Körper, Seele und Geist – umfasst.

Wenn alle diese Komponenten stimmen, hast du jemanden gefunden, mit dem du deine Ewigkeit verbringen kannst.

Neben diesen 15 Zeichen gibt es eine wissenschaftliche Erklärung, warum es zwischen manchen Menschen knistert. Kurz gesagt: Wenn wir uns sehr stark zu jemandem hingezogen fühlen, werden bestimmte Teile unseres Gehirns aktiviert und es werden Hormone wie Oxytocin, Adrenalin, Dopamin etc. freigesetzt. Nichtsdestotrotz betrachte ich die gegenseitige Anziehungskraft zwischen zwei Menschen lieber als etwas Spirituelles – als etwas, was sich in dir regt und dir sagt: „Ich mag diese Person und ich möchte so viel Zeit wie möglich mit ihr verbringen." Das ist etwas so Einfaches und gleichzeitig etwas so Schönes und Einzigartiges, was im Leben nicht allzu oft geschieht.

Einige Menschen erleben diese Anziehungskraft ein paarmal in ihrem Leben. Sie sind von ihrer Persönlichkeit her aufgeschlossen, sodass es für sie leichter ist, mit anderen Menschen zu kommunizieren, sich zu öffnen, etwas Vertrautes in einer anderen Person zu finden und sich mit ihr zu verbinden. Wenn sie dann endlich die Person gefunden haben, mit der sie ihre Ewigkeit verbringen möchten, werden sie es einfach wissen; es wird keine Zweifel geben, keine Unsicherheit. Die Anziehungskraft wird stärker sein als alles andere, was sie je zuvor erlebt haben.

Dann gibt es auch solche Menschen, die diese Anziehungskraft noch nie erlebt haben. Aber das heißt nicht, dass sie es nie tun werden. Sie sind vielleicht schüchtern, zu beschäftigt für eine Beziehung, oder sie wurden in der Vergangenheit so sehr verletzt, dass ihr Selbstschutzmechanismus sie davon abhält, eine neue Beziehung einzugehen. Wenn aber die richtige Person auftaucht, werden auch solche Menschen „auftauen".

Eine weitere wichtige Sache, die ich hier erwähnen möchte, ist etwas, das ich als „toxische Anziehungskraft" bezeichnen würde. Sie entsteht, wenn man wider besseres Wissen vorgeht, z. B. wenn du von Anfang an weißt, dass egal wie sehr du dich zu jemandem hingezogen fühlst, er dir immer nur schaden wird.

Wenn wir uns entscheiden, unsere Intuition und all die anderen deutlichen Warnzeichen zu ignorieren, erweist sich eine solche Anziehungskraft als Schuss nach hinten. Wenn es also zu irgendeiner Art von Anziehungskraft kommt, ist das Beste, was wir tun können, uns auf unsere Intuition zu verlassen, unserem Herzen zu folgen und auf jeden Fall unser Gehirn einzuschalten, damit wir eventuelle Gefahren vermeiden können.

WIE DU ERKENNST, DASS IHR NICHT BLOSS SEX HABT, SONDERN LIEBE MACHT

Oft ist es schwer, zwischen Sex und Liebemachen zu unterscheiden. Manche Leute werden sagen, dass es das Gleiche ist, nur unterschiedlich formuliert. Aber es gibt einen großen Unterschied, der sich in der Intensität der Intimität zeigt.

Manchmal ist Sex einfach nur Sex. Es geht um sexuelle Spannung, Anziehungskraft, Lust und ein Paar, das nur den körperlichen Aspekt genießt, ohne dabei tiefergehende Emotionen zu empfinden. Wenn du mit deinem Partner jedoch eine tiefere Verbindung hast und euch mehr als nur sexuelle Freuden verbindet, dann macht ihr Liebe.

Wenn eine Beziehung noch frisch ist, dann ist es etwas schwieriger, zwischen den beiden Varianten zu unterscheiden. Ihr seid noch nicht in der Phase, in der ihr offen über alles redet, und ihr wollt es langsam angehen lassen. Dennoch gibt es ein paar verräterische Zeichen dafür, dass ihr nicht nur Sex habt, sondern Liebe macht, die für mehr Klarheit sorgen werden:

1. Es gibt viel Augenkontakt beim Sex.

Seine Blicke wandern über deinen ganzen Körper, aber es gibt Momente, in denen er tief in deine Augen schaut. Auf diese Weise möchte er sich mit dir verbinden und Intimität aufbauen. Er will wissen, dass du fühlst, was er fühlt. Wenn du deine Augen schließt, wird er sich auf deine Lippen und deinen Gesichtsausdruck konzentrieren. Er will wissen, dass du es genießt, und er weiß, dass deine Augen und dein Gesicht ihm genau verraten werden, wie sehr du es genießt.

2. Die Wahl der Stellung macht den Unterschied.

Wenn ihr noch am Anfang eurer Beziehung seid und er mit Sexstellungen wie „Doggy Style" anfängt oder dich um ein Reverse Cowgirl oder eine andere Stellung bittet, bei der kein Augenkontakt möglich ist, macht er keine Liebe mit dir, es ist einfach nur Sex. Ein Mann, der dir zeigen möchte, dass du ihm wichtig bist, wird mit etwas Einfachem wie der Missionarsstellung oder dem Cowgirl beginnen, damit er Augenkontakt mit dir halten kann.

Er weiß, dass ihr euch während und nach der Show so viel näher kommen werdet. Beim Liebemachen wird er dir, auch wenn ihr die Stellung wechselt und er von hinten kommt, seine Zuneigung zeigen wollen, indem er deinen Hals küsst oder eine Möglichkeit findet, wie du ihn anschauen kannst.

3. Das Vorspiel oder das fehlende Vorspiel wird dir einiges verraten.

Wenn ein Mann mehr als nur Sex will, wird er das Vorspiel mehr als alles andere schätzen. Er weiß, dass es dir wichtig ist, und er möchte eine Möglichkeit finden, dein Vergnügen zu verlängern. Also wird er wahrscheinlich anfangs mit dir rumknutschen und dich langsam ausziehen und dann Schritt für Schritt zum Petting übergehen. Er weiß, dass dies nicht nur für eure Intimität wichtig ist, sondern auch, damit du am Ende zum Orgasmus kommst.

4. Es wird viel geküsst.

Wenn Gefühle im Spiel sind, wird beim Liebemachen viel geküsst. Er wird jeden Zentimeter deines Körpers küssen wollen, um dir seine Zuneigung zu zeigen. Jemand, der nur etwas Lockeres möchte, wird kaum Wert aufs Küssen legen.

5. Er wird es langsam angehen.

Wenn ein Mann in dich verliebt ist, wird er sich Zeit nehmen und jeden Moment mit dir genießen. Es ist unbestreitbar, dass die Chemie zwischen euch stimmt, und eure sexuelle Beziehung ist voller Leidenschaft, also will er, indem er es langsam angeht, dafür sorgen, dass die Leidenschaft so lange wie möglich andauert. Wenn ein Mann intensivere Gefühle für dich hat, wird es keine Quickies und auch keine Eile geben, um zum Finale zu kommen.

6. Er konzentriert sich mehr auf dein Vergnügen als auf sein eigenes.

Er will wissen, dass er dich zum Orgasmus bringen kann, also wird er alles in seiner Macht Stehende tun, um dafür zu sorgen, dass das auch passiert. Er wird dich vielleicht sogar direkt fragen, ob du gekommen bist und ob es dir gefallen hat, denn wenn du ihm wirklich wichtig bist, wird dein Vergnügen sein Hauptinteresse sein. Wenn nicht, wird er nur dafür sorgen, dass seine Bedürfnisse erfüllt werden, ohne dich überhaupt zu berücksichtigen.

7. Nach dem Sex wird gekuschelt.

Kuscheln ist definitiv das Beste, was man nach dem Liebemachen tun kann. Wenn er starke Gefühle für dich hat, wird er sich nicht sofort anziehen und die Flucht ergreifen. Er wird seine Arme ausbreiten, damit du deinen Kopf auf seine Brust legen kannst, oder dich mit beiden Armen so nah wie möglich an sich heranziehen. Das Kuscheln wird das Ganze noch einzigartiger und liebevoller machen.

8. Selbst wenn ihr keinen Sex habt, wird er bei dir übernachten.

Es klingt lustig, aber ab und zu *keinen* Sex zu haben, ist der beste Beweis für seine Gefühle für dich. Natürlich wird jemand, dem du wirklich wichtig bist, nicht vor deiner Tür stehen und dir nur dann Gesellschaft leisten, wenn es um Sex geht. Wenn du deine Periode hast, wenn du krank oder aus irgendeinem Grund nicht bereit bist, Sex zu haben, wird er die ganze Nacht bei dir sein und mit dir kuscheln.

DINGE, DIE ER BEIM SEX TUT, DIE EIN ABSOLUTER BEWEIS DAFÜR SIND, DASS ER DICH LIEBT

Es ist nicht schwer, den Unterschied zwischen Gelegenheitssex und der „echten Sache" zu erkennen. Es ist nicht so, dass Gelegenheitssex oder One-Night-Stands nicht in Ordnung sind, aber das ist nichts, was du für den Rest deines Lebens haben willst.

Es ist vollkommen in Ordnung, eine leidenschaftliche Nacht ohne Verpflichtungen und Bindungen zu verbringen, aber es ist noch besser, mit jemandem zu schlafen, den man wirklich liebt. Das ist eine komplett andere Erfahrung.

Die Emotionen, die du beim Sex mit der Liebe deines Lebens empfindest, sind so stark, dass es keine richtigen Worte gibt, mit denen man das beschreiben könnte. Dein Partner kann dich Dinge fühlen lassen, die du noch nie erlebt hast. Er kann dir eine Seite von dir zeigen, die du selbst noch nie zuvor gesehen hast.

Natürlich wirst du auf Männer stoßen, welche die Liebe nur vortäuschen und sich als etwas präsentieren, was sie nicht sind. Das lässt sich nicht vermeiden. Aber wahre Liebe ist leicht zu erkennen. Das kann Tage oder auch Monate dauern, aber niemand kann Liebe so lange vortäuschen. Betrachtest du das Ganze einmal neutral und rational, wirst du definitiv erkennen können, ob er dich liebt oder nicht.

1. Er wird beim Sex mit dir reden.

In leidenschaftlichen Momenten wird er dir sagen, dass er dich liebt, und er wird dich fragen, was du magst und was nicht. Er wird nicht egoistisch sein.

Männer, die nichts anderes als Sex von dir wollen, werden sich nicht darum kümmern, was du willst. Sie werden nur auf ihre eigenen Bedürfnisse achten und dafür sorgen, dass sie sich amüsieren.

Hingegen wird ein Mann, der dich liebt, dafür sorgen, dass du vollkommen zufrieden bist. Er wird dafür sorgen, dass du dich geliebt fühlst.

2. Er wird dir seine emotionale Seite zeigen.

Wenn ein Paar zusammenkommt, zeigt sich die Liebe am meisten in den ersten Monaten, insbesondere beim Sex. Wenn ein Mann dich wirklich liebt, wird er emotional werden.

Er wird dir seine weiche Seite zeigen, aber das macht ihn nicht schwach. Darüber solltest du dir keine Sorgen machen, selbst wenn er weint. Du hast nichts falsch gemacht. Du hast sogar absolut das Richtige getan – du hast Emotionen in ihm geweckt, die er schon lange nicht mehr gefühlt hat.

3. Er wird dir tief in die Augen schauen.

Das ist eines der deutlichsten Signale der Körpersprache. Es deutet darauf hin, dass ein Mann dich liebt. Er wird dir tief in die Augen schauen, weil du ihm wichtig bist.

Das ist der größte Beweis dafür, dass er dich liebt. Denn wenn du für ihn nur etwas Beiläufiges nebenbei wärst, würde er keinen Augenkontakt halten. Er würde nur das tun, weswegen er gekommen ist, und wieder gehen.

Mittels Augenkontakt möchte er tief in deine Seele schauen, und er will, dass du weißt, dass er dich liebt.

4. Er wird extrem romantisch sein.

Klar, Playboys können auch romantisch sein, insbesondere wenn sie dadurch das bekommen, was sie wollen, wie zum Beispiel Sex. Aber – wie bei allen anderen Dingen auch – man kann zwischen falscher und einer echter Romantik unterscheiden.

Ein Mann, der dich liebt, wird sich Zeit nehmen. Er wird sich langsam dem Hauptteil nähern. Ein Playboy hingegen wird sich zwar romantisch verhalten, aber er wird dabei rasant vorgehen, um endlich zu dem Teil zu gelangen, der ihm am wichtigsten ist.

5. Er wird sich den Ort sorgfältig aussuchen.

Er wird dich nicht in eine Ecke schubsen und sich auf dich stürzen. Er wird den Ort eurer intimen Begegnung sorgfältig auswählen. Es wird wahrscheinlich irgendwo sein, wo du dich wohl- und entspannt fühlst.

Er möchte nicht, dass du dich billig fühlst. Er will, dass du spürst, dass er dich respektvoll behandelt. Und wo es Respekt gibt, da gibt es auch Liebe. Diese beiden Dinge sind unzertrennlich.

6. Er wird dich überall küssen.

Er wird sich jedem Zentimeter deines Körpers widmen. Das ist nicht nur ein Kuss, nach dem alles vorbei ist. Er lässt sich wirklich Zeit. Er wird dich beißen und necken. Er wird deinen ganzen Körper durchstreifen.

Seine Küsse werden sinnlich und tief sein, weil sie ehrlich sind, weil sie echt sind und weil er sie genauso sehr wie du genießt. Keinen einzigen Teil deines Körpers wird er auslassen.

Und dann, wenn du es nicht mehr aushalten kannst, wird er mit dem fortfahren, worauf ihr beide gewartet habt.

7. Er wird deine Unvollkommenheiten lieben.

Er wird dich nie dazu bringen, dass du dich für irgendetwas an deinem Körper schämst. Er wird dich so annehmen, wie du bist, und am Ende des Tages wird er alles an dir lieben, denn gerade das macht dich so einzigartig.

Es sind geradezu deine Unvollkommenheiten, die dich von allen anderen Frauen unterscheiden. Diese liebt er am meisten an dir.

Mit ihm an deiner Seite wirst du dich nie hässlich oder unsicher fühlen. Mit ihm als Partner wirst du das Gefühl haben, die schönste Frau auf Erden zu sein.

8. Es wird sich einfach richtig anfühlen.

Wenn du bei ihm bist, fühlt es sich einfach richtig an. Nach dem Sex fühlst du dich geliebt und geschätzt. Du fühlst dich nicht ausgenutzt und bist auch nicht gleichgültig wie nach Gelegenheitssex.

Ein Mann, der dich liebt, wird dir Komplimente machen und dir zeigen, wie sehr er dich liebt. Er möchte, dass du weißt, dass er sein Leben für dich geben würde und dass er dich nicht verlieren will. Und das spürst und weißt du auch selbst.

5

WAS GEHT IN SEINEM KOPF VOR?

Wäre es nicht toll, einen Blick in den Kopf eines Mannes werfen zu können, seine Gedanken lesen zu können? Von Anfang an alle Antworten zu haben? Zu wissen, wie du deine Karten legen musst? Ob du dein Herz ausschütten sollst oder besser nicht? Wäre es nicht genial, ihm einen Schritt voraus zu sein?

Nun, es gibt Leute, die so etwas tatsächlich können. Es gibt Menschen wie mich, die Männer verstehen, die schon viel durchgemacht haben, um das zu lernen, was sie jetzt wissen. Die gute Nachricht ist: Wir haben unser Leben der Mission gewidmet, euch, meine lieben Damen, mit gutem Rat und weiblicher Weisheit zu helfen.

Nun, da du dich bereits in der Phase eurer Beziehung befindest, in der ihr gewisse Fortschritte gemacht habt, die darauf hindeuten, dass ihr mehr als nur Spaß miteinander habt, ist es an der Zeit zu analysieren, was er wirklich für dich empfindet.

Bekommt er kalte Füße? Fühlt er sich stark zu dir hingezogen? Kämpft er gegen seine Gefühle für dich an, wegen etwas, was nichts mit dir zu tun hat?

Es gibt so viele Fragen, die beantwortet werden wollen. Ich werde dich dabei Schritt für Schritt begleiten.

KÖRPERLICHE SIGNALE, DASS JEMAND GERADE AN DICH DENKT

Wie kannst du wissen, ob jemand gerade an dich denkt? Gibt es eine Möglichkeit herauszufinden, ob dich jemand mag?

Natürlich gibt es die!

Bist du schon einmal in einer Situation gewesen, in der du vollkommen verblüfft warst, weil etwas Bestimmtes passiert ist? Du bist völlig sprachlos, weil du irgendwie eine Ahnung hattest, dass genau das passieren würde, oder weil es so ist, als könntest du die Gedanken von jemandem lesen. Genau das ist mir mehrfach passiert.

Einmal waren mein Mann und ich zu Hause mit völlig unterschiedlichen Dingen beschäftigt. Jeder von uns war so in seine Arbeit vertieft, dass wir nicht einmal miteinander gesprochen haben. Und dann begannen wir plötzlich, zur gleichen Zeit die gleiche Strophe aus dem gleichen Song zu singen.

Und es war kein Einzelfall, dass so etwas oder etwas Ähnliches passiert ist. Wir beenden oft den Satz des anderen und manchmal genügt nur ein einziger Blick, um zu wissen, was der andere jetzt gerade denkt.

Was ich damit sagen will: Manche Menschen haben eine Art telepathische Verbindung. Es existiert zweifellos eine übersinnliche Verbindung, die man weder sehen noch berühren kann. Man kann sie nur fühlen. Der Punkt ist, dass Beziehung nicht nur aus körperlicher Anziehungskraft und verbaler Interaktion besteht; da gibt es noch etwas Größeres. Es gibt eine Art spirituelle Energie und Kraft, die es uns ermöglicht, die Emotionen des anderen zu spüren und seine Gedanken zu kennen.

Das ist unser Unterbewusstsein.

Wir nehmen unbewusst Vibrationen und die Gefühle anderer Menschen wahr. Hattest du schon einmal das Gefühl, dass du etwas tun musst, ohne erklären zu können, warum du das tun musst? Du weißt nur, dass du es musst. Es kreist in deinen Gedanken und lässt dir keine Ruhe. Dein Bauchgefühl, dein Instinkt oder was auch immer sagt dir, dass du es tun musst.

Oftmals manifestieren sich solche inneren Signale in physischer Form, ohne dass wir uns dessen bewusst sind.

Ein Beispiel: Wahrscheinlich hast du es schon einmal erlebt, dass du das Gefühl hattest, krank zu werden. Du hast kapituliert – du hast dich bereits krank mit hohem Fieber im Bett liegen sehen. Dann wurdest du wirklich krank. Es war kinderleicht. Du hast die Tatsache akzeptiert, dass du krank wirst, und dann bist du es auch tatsächlich geworden. So stark ist unser Unterbewusstsein.

Du siehst: Du hast jene „unsichtbaren" Signale empfangen

und akzeptiert – deshalb haben sie sich kurze Zeit später in physischer Form manifestiert.

Das Gleiche gilt für die Signale, die dich wissen lassen, dass jemand an dich denkt. Du weißt es einfach. Du spürst seine Gedanken. Das passiert natürlich nur, wenn du sie spüren und erkennen möchtest. Wenn du sie verleugnest, wirst du diese Signale nicht fühlen und erkennen können, weil dein Unterbewusstsein noch in dir eingeschlossen ist.

Nun, wenn du es zulässt, manifestieren sich diese Gedanken und Vibes, die du empfängst, tatsächlich körperlich, und du spürst, wenn jemand an dich denkt.

1. Unbewusstes Lächeln

Dein Körper reagiert so, wie dein Verstand es ihm befiehlt; viele von uns sind sich dessen nicht einmal bewusst. Du bist mit Sicherheit schon einmal in einer Situation gewesen, in der du für etwas gelobt wurdest; in dem Moment warst du überglücklich. Aber vielleicht war es ein unpassender Moment, weil z. B. ein guter Freund von dir gerade eine schwere Zeit durchmacht. Natürlich wolltest du jetzt nicht in Jubel ausbrechen, also hast du dich zurückgehalten.

Obwohl du ernst bleiben musstest, schlich sich ein Lächeln auf dein Gesicht, trotz aller Mühe, es zu unterdrücken. Aber es ist dir nicht gelungen. Es war eine Reaktion, die sich nicht verhindern ließ. Es war eine physische Manifestation der Signale, die dein Gehirn empfangen hat. Das Gleiche passiert mit jemandem, der dich mag und ständig an dich denkt.

Wenn du diese Person siehst, wirst du ein Lächeln sehen, das mehr als tausend Worte sagt.

Er wird dich so anlächeln, als wärt ihr schon seit Ewigkeiten befreundet, obwohl er dich erst gestern kennengelernt hat. Du wirst seine größte Erfüllung sein, der Grund für sein Glück oder sein Erröten. Wenn du ihn ansiehst, weißt du einfach, dass etwas mehr dahintersteckt als nur Nettigkeit und Höflichkeit. Du kannst spüren, dass da so viel mehr ist, als man es mit dem bloßen Auge erkennen kann. Das ist dein Unterbewusstsein, das dir sagt, dass er an dich denkt. Dein Aussehen, dein Gesicht und die bloße Tatsache, dass er dich sieht, sind der Grund für sein Lächeln, das er einfach nicht kontrollieren kann.

2. Plötzliche Stimmungsschwankungen

Das ist dir sicherlich schon mal passiert, aber du wusstest wahrscheinlich nicht, warum: Du warst gut gelaunt, hast Witze gemacht und dich totgelacht. Du warst in einer Art euphorischem Zustand. Alles, was in dem Moment geschah, hast du als positiv und als schön empfunden.

Dann kam es plötzlich zu einer gewaltigen Veränderung deines emotionalen Zustands. Du hast dich auf einmal völlig ausgelaugt gefühlt. Dir war überhaupt nicht mehr nach Lachen oder Witzemachen zumute. Das Einzige, was du tun wolltest, war, dich zurückzuziehen. Plötzlich hast du alles als negativ empfunden, warst traurig und deprimiert. Wahrscheinlich hat genau in diesem Moment jemand an dich gedacht. Unser Unterbewusstsein versucht, uns Dinge zu sagen, nur eben auf eine andere Art und Weise.

Dein Geist hat es gefühlt. Die Energie jener Person kreuzte deine, was dazu führte, dass sich deine Gemütslage in Sekundenschnelle verändert hat. Es hat dein Energiefeld durcheinandergebracht, und genau das hat zur Veränderung deines emotionalen Zustands geführt.

3. Dein Unterbewusstsein bringt euch näher zusammen.

Hast du dich jemals gefragt, warum und wie sich Menschen ineinander verlieben? Was bringt dich dieser Person immer näher?

Nun, auch das hat wieder etwas mit deinem Unterbewusstsein und den Vibes zu tun, die dich umgeben und so offensichtlich sind, dass du fast schon das Gefühl hast, dass sie dich berühren. Leider erkennen Menschen das Glück oft nicht, selbst wenn es direkt vor ihrer Nase schwebt.

Wenn Menschen sich verlieben wollen, suchen sie unbewusst nach jemandem, der ihre Bedürfnisse erfüllen kann – jemand, der sie vervollständigen kann, und jemand, der all das kann, was sie nicht können. Dein Unterbewusstsein sucht nach einem Weg, diese Person in dein Leben zu bringen.

Wieder einmal verwandeln sich spirituelle Botschaften in etwas Greifbares – etwas Reales und Physisches.

Wenn der Mensch, der an dich denkt, der Richtige für dich ist, werdet ihr euch früher oder später begegnen. Und wenn ihr euch begegnet, werdet ihr definitiv feststellen, dass das Leben mehrmals versucht hat, euch beide zusammenzubringen. Vielleicht habt ihr gemeinsame Freunde, aber ihr seid immer aneinander vorbeigegangen. Wahrscheinlich wart ihr zur selben Zeit an denselben Orten. Vielleicht wart ihr sogar in einer Bar und habt Rücken an Rücken eine Cola getrunken.

Dein Unterbewusstsein spürte die Verbindung und brachte euch immer näher, bis es euch endgültig zusammengebracht hat.

4. Seltsame Augenbewegungen

Wenn du eine Allergie oder eine Augenerkrankung hast, kannst du dieses Signal ausschließen. Aber wenn das nicht der Fall ist und dein Auge plötzlich wie verrückt zuckt, könnte das daran liegen, dass dein Verstand etwas wahrnimmt. Ein plötzliches Jucken oder Zucken im Auge – jemand denkt an dich. Wenn jemand an dich denkt, muss das allerdings nicht unbedingt bedeuten, dass er dich mag. Es muss nicht bedeuten, dass er positiv über dich denkt. Es kann auch genau andersherum sein. Er könnte z. B. schlecht über dich reden oder dich in irgendeiner anderen Weise negativ darstellen.

Ob du es glaubst oder nicht, es gibt eine Möglichkeit herauszufinden, ob jemand negative oder positive Gedanken dir gegenüber hat. Wenn zum Beispiel dein rechtes Auge juckt oder zuckt, bedeutet das, dass jemand nicht so begeistert von dir ist. Wenn aber das Gleiche mit deinem linken Auge passiert, ist jemand entweder in dich verliebt oder kurz davor, sich in dich zu verlieben. Bei Männern ist es umgekehrt. Wenn ihr rechtes Auge zuckt, lobt sie jemand; zuckt ihr linkes Auge, redet oder denkt jemand schlecht über sie.

5. Angespannter Geist

Der menschliche Verstand ist mysteriös. Er ist immer noch nicht gänzlich erforscht. Es besitzt eine grenzenlose Macht. Denk nur einmal an all die Dinge, die du mit deinem Verstand bewerkstelligen kannst. Wie viele Ideen du hervorbringen kannst und wie viele Lösungen du finden kannst. Allein der Versuch, unserem Verstand Grenzen zu setzen, wäre unmöglich, nicht wahr? Du musst im Grunde genommen nur den Code knacken, um deinen Verstand voll auszunutzen.

Ist es dir schon einmal passiert, dass du dich beim Essen oder Trinken verschluckt hast und du unter Tränen nach Luft gerungen hast? Das liegt daran, dass dein Verstand Spannung erzeugt. Dein Verstand spürt, dass dein Name aus dem Mund eines anderen ertönt.

Dein Verstand versucht, dich zu warnen, wachsam zu sein und dich umzusehen.

Auch wenn jemand schlecht über dich spricht, wird dein Verstand dir ein physisches Signal senden. Er wird wieder Spannung erzeugen, die sich durch eine physische Reaktion manifestiert, wie z. B. Blut, das in deine Wangen strömt. Wenn du keinen Grund zum Erröten hattest, warum sind deine Wangen dann so rot? Hast du eine Erklärung? Im Grunde genommen wirkt jemandes negative Energie auf dich derart, als hätte er dir aus der Ferne eine Ohrfeige verpasst.

Ein weiteres Signal ist Schluckauf. Er deutet ebenfalls auf einen angespannten Geist und negative Energie hin. Schluckauf bedeutet in der Regel, dass sich jemand über dich beschwert. Das bedeutet Drama. Unnötiges Drama, in das du verwickelt bist, führt zu negativer Energie, die du schließlich physisch spürst. Jemand beschwert sich vielleicht über dich, nur um sich selbst besser zu fühlen oder besser dazustehen. Wenn du nur in Gesellschaft einer bestimmten Person Schluckauf hast, könnte das ein Signal dafür sein, dass sich diese Person über dich beschwert.

Niemand kann erklären, warum diese Dinge passieren. Was wir allerdings tun können, ist, zu akzeptieren, dass es etwas gibt, was über unser physisches Leben hinausgeht. Es gibt etwas Spirituelles in unserem Unterbewusstsein und in unserer Umgebung – und das sollten wir respektieren.

Unser Unterbewusstsein wird uns immer wieder physische Signale senden, aber es liegt an uns, ob wir diese Signale als solche akzeptieren oder die Augen verschließen und weiterhin in selbstherrlicher Unwissenheit leben.

6. Positive Energie

Unser Verstand ist wirklich genial. Genauso wie er negative Energie und üble Nachrede spüren kann, genauso ist er auch in der Lage zu spüren, wenn uns jemand liebt und gut gesinnt ist. Selbst wenn diese Person meilenweit entfernt ist, kann unser Verstand dies spüren, so als wären wir mit dieser Person verbunden.

Paare spüren körperliche Symptome, die ihnen signalisieren, dass ihr Partner an sie denkt. Sie manifestieren sich entweder in Form einer Reibung am Rücken oder am Arm oder in Form einer schnellen Berührung an der Wange; sie können buchstäblich spüren, wie ihr Partner sie berührt, auch wenn sie in dem Moment getrennt sind.

Eine weitere Möglichkeit, wie Paare ihre Verbindung spüren können, ist, wenn sie eine Steigerung der Energie oder der allgemeinen Stimmung spüren. Das passiert z. B., wenn sich eine Person erschöpft, niedergeschlagen oder depressiv fühlt. Diese Person kann dann einen deutlichen Energiewechsel spüren, nur weil ihr Partner daran denkt, sie aufzumuntern.

Ein weiteres Signal dafür, dass jemand positiv, oder besser gesagt, liebevoll an dich denkt, ist das brennende Gefühl in deinen Ohren. Du kennst sicherlich dieses Gefühl, wenn deine Ohren plötzlich ganz warm sind und du spüren kannst, wie sie rot werden. Es fühlt sich so an, als würden sie brennen, aber irgendwie ist es trotzdem ein gutes Gefühl. Ausnahmsweise fühlt sich Feuer einmal gut an. Das ist ein Zeichen dafür, dass jemand in dich verknallt ist und in diesem Moment an dich denkt.

Und – last, but not least – kennst du dieses Niesen, das deinen ganzen Körper durchschüttelt und so laut und kräftig ist, dass du es nicht aufzuhalten vermagst? Und das, obwohl es eigentlich keinen besonderen Grund gibt zu niesen? Es gibt nirgendwo Staub, du hast keine Allergie und deine Nase hat davor auch nicht gejuckt. Dieses Niesen bedeutet in der Regel, dass jemand an dich denkt und dass dich jemand wie verrückt vermisst.

Unser Geist und unser Körper sind auf eine Weise miteinander verbunden, die wir nicht begreifen können. Das Beste, was wir in so einer Situation tun können, ist, für einen Moment innezuhalten und die Natur zu bestaunen – dieses großartige Wunderwerk, das uns umgibt, sowie das Wunderwerk, das wir selbst sind. Wenn du also das nächste Mal eines dieser Signale spürst, nimm dir etwas Zeit und spüre ihm nach. Und achte dabei darauf, was dir deine Sinne sagen.

ZEICHEN, DIE DIR VERRATEN, DASS SICH EIN MANN ZU DIR HINGEZOGEN FÜHLT

Wie oft hast du schon zu hören bekommen, dass Frauen kompliziert seien? Nun, dem kann ich nicht widersprechen – wir tendieren nun mal dazu, sehr intensiv nachzudenken und alles zu analysieren; das liegt hauptsächlich daran, dass wir uns möglichst alle Optionen durch den Kopf gehen lassen wollen, bevor wir eine endgültige Entscheidung treffen.

Aufgrund dieser Tendenz analysieren wir auch jede einzelne Geste eines Mannes, um herauszufinden, wie er tatsächlich zu uns steht. Oft verbringen wir unzählige Stunden und schlaflose Nächte damit und fragen uns, ob der Mann, der uns so sehr gefällt, sich wohl auch zu uns hingezogen fühlt, und falls ja, wie sehr.

Herauszufinden, ob sich ein Mann zu dir hingezogen fühlt, kann anstrengend werden, aber nicht, wenn du die Zeichen hierfür kennst. Sie können dir helfen, viel schneller eine Antwort auf deine brennende Frage zu bekommen, und all den schlaflosen Nächten, in denen du verzweifelt versucht hast, dieses Rätsel zu lösen, ein Ende setzen.

Dein Traumprinz denkt vielleicht, dass du es nicht bemerken wirst. Aber wenn er sich wirklich zu dir hingezogen fühlt, werden die Zeichen so offensichtlich sein, dass er sich unweigerlich selbst verraten wird.

Wenn sich ein Mann zu dir hingezogen fühlt,

1. wird er wissen wollen, wie dein Tag war.

Er wird nicht nach dem neuesten Klatsch und Tratsch aus deinem Büro fragen, nur damit ihr etwas zum Reden habt. Er wird danach fragen, weil er sich wirklich für dich und die Dinge, die Teil deines Lebens sind, interessiert. Er wird alles wissen wollen, was an diesem Tag passiert ist, und ob er etwas tun kann, um dich ein wenig aufzumuntern.

2. Er wird wissen wollen, ob du ihn vermisst hast.

Wenn Männer verliebt sind, verwandeln sie sich in Babys. Sie wollen nur die Aufmerksamkeit einer einzigen Frau. Zu wissen, dass du ihn vermisst hast, wird ihm viel mehr bedeuten, als du dir vorstellen kannst. Dadurch wird er sehen, wie sehr du ihn willst und ob es Sinn macht, seine ritterliche Eroberung fortzusetzen.

3. Er wird wissen wollen, was du so gemacht hast.

Er möchte alles wissen, was du tust und was du vorhast zu tun. Der Grund, warum er das wissen will, ist der, dass er die Absicht hat, bei allem mitzumachen, was du tun willst.

4. Er wird das Bedürfnis haben, dich zu berühren.

Das ist keine sexuelle Anspielung, obwohl es auch an dieser Art von Anziehungskraft keineswegs mangelt. Er genießt es, deine Hand oder irgendeinen anderen Körperteil von dir zu berühren. Er wird dir sagen, dass du schöne Haare hast, und er wird jede Gelegenheit nutzen, um sie zu berühren.

Das ist eines der eindeutigsten Zeichen dafür, dass er sich stark zu dir hingezogen fühlt.

5. Er wird das Bedürfnis haben, dich zum Lachen zu bringen.

Wenn er sich zu dir hingezogen fühlt, wird dein Lachen Musik in seinen Ohren sein. Er wird alles in seiner Macht Stehende tun, um das Lächeln der Frau zu sehen, die ihm gefällt – um dich lächeln zu sehen.

6. Er wird das Bedürfnis haben, der ganzen Welt von euch beiden zu erzählen.

Er wird dich nicht verstecken, und auch nicht, was er für dich empfindet und wie sehr er dich will. Er wird dafür sorgen, dass jeder in deinem Leben und jeder in seinem Leben weiß, wie sehr er sich zu dir hingezogen fühlt.

Seine Freunde werden über dich Bescheid wissen, seine Familie wird sich fragen, wer diese Frau ist, die ihm derart den Kopf verdreht und sein Herz erobert hat, und er wird sich nicht schämen, die Frage zu beantworten.

Wenn er sich extrem stark zu dir hingezogen fühlt,

7. wird er eifersüchtig sein.

Er wird leichte Anzeichen von Eifersucht zeigen. Wenn er sich wirklich stark zu dir hingezogen fühlt, wird er wissen wollen, mit wem du ausgehst. Er wird sehen wollen, ob es irgendwelche Männer gibt, die noch im Spiel sind, und er wird sich an sie erinnern.

Beachte: Harmlose Eifersucht kann einiges über seine

Gefühle aussagen. Wenn er aber zu viel Eifersucht zeigt, könntest du ein Problem haben.

8. Er wird dich beschützen.

Dich zu beschützen, ist für ihn eine Selbstverständlichkeit. Manche Männer haben das natürliche Bedürfnis, sich jeder Frau gegenüber so zu verhalten, aber sein Bedürfnis, dich zu beschützen, wird noch einmal etwas ganz anderes sein. An seiner Sorge um dich wirst du erkennen können, ob er sich wirklich sehr stark zu dir hingezogen fühlt.

9. Er wird eine bessere Version von sich selbst werden.

Er wird alles tun, um die beste Version von sich selbst zu sein. Er wird kontinuierlich versuchen, sich darin zu steigern, und er wird dafür sorgen, dass du nur das Beste von ihm bekommst, damit er dich erobern kann.

Er wird alles in seiner Macht Stehende tun, damit du dich für ihn entscheidest und bei ihm bleibst. Das ist ein ultimatives Zeichen dafür, dass sich dieser Mann stark zu dir hingezogen fühlt.

HINWEISE, DIE DIR AUFSCHLUSS DARÜBER GEBEN, OB ER DICH WIRKLICH VERMISST

Wie kannst du wissen, was es wirklich bedeutet, wenn ein Typ sagt, dass er dich vermisst? Wahrscheinlich gibt es keinen absolut zuverlässigen Hinweis, der einem mit hundertprozentiger Sicherheit sagen kann, dass er ehrlich ist, wenn er so etwas sagt. Du kannst dir nicht sicher sein, ob er es ernst meint oder ob er dir nur an die Wäsche will. Vielleicht wirst du am Ende ein gebrochenes Herz haben, weil du Opfer eines gewöhnlichen Playboys wurdest, oder du wirst für den Rest deines Lebens in einer nahezu perfekten Beziehung glücklich sein.

Möchtest du wissen, welche dieser zwei Möglichkeiten in deinem Fall am wahrscheinlichsten ist? Natürlich möchtest du das. Beziehungen sind ohne dieses Problem schon kompliziert genug. Genau genommen ist das hier gar nicht so ein ernsthaftes Problem im Vergleich zu dem, was dir noch bevorsteht. Du wirst noch jede Menge Herausforderungen bewältigen müssen und widersprüchliche Signale von der anderen Person zu deuten haben.

Du musst sämtliche Hinweise gründlich analysieren, denn

wir Menschen tendieren oftmals dazu, die Wahrheit nicht sehen zu wollen, selbst wenn sie sich direkt vor unseren Augen präsentiert. Insbesondere wenn wir verliebt sind, haben wir die „rosarote Brille" an und können darum nicht klar sehen.

Mitunter hindert uns auch unser Bedürfnis nach Liebe daran, die reale Situation so zu sehen, wie sie tatsächlich ist. Manchmal interessiert er sich nicht wirklich für dich, aber du willst das nicht akzeptieren, weil du es einfach nicht wahrhaben möchtest.

Versuche also, objektiv zu sein. Versuche, deinen Verstand von deinen Gefühlen zu trennen. Ich weiß, das ist nicht einfach, denn das Herz will, was das Herz will, und man kann nichts dagegen tun. Aber zu deinem eigenen Wohl und um eventuellen zukünftigen Herzschmerz zu vermeiden, sei am Anfang einfach vorsichtig. Betrachte deine Situation aus einer anderen Perspektive. Stell dir vor, die negativen Dinge, die dir passieren, würden jemand anderem passieren, jemandem, den du kennst. Versetze dich in seine oder ihre Lage und tu genau das, was du jemand anderem raten würdest.

Das ist das Erste, was du tun solltest, bevor du irgendwelche anderen Maßnahmen ergreifst. Natürlich ist das leichter gesagt als getan. Denn wenn es so einfach wäre, würde sich wohl kaum eine Frau darüber Gedanken machen, was es bedeutet, wenn ein Mann sagt, dass er sie vermisst.

Selbst wenn du alle Zeichen richtig deutest und er dich wirklich und ehrlich vermisst, ist dies kein Garant, dass er für immer bei dir bleiben wird. Es gibt kein „Patentrezept", das ihn dazu bringen wird, bei dir zu bleiben, denn Menschen ändern sich. Die Dinge, die sie mögen, ändern sich, und ihr Verhalten ändert sich auch. Deshalb kann dir niemand garantieren, dass wenn er dich jetzt vermisst, er dich für immer vermissen wird.

Aber genug von der Zukunft. Konzentrieren wir uns darauf, was dich im Moment bedrückt. Wenn du dir den Kopf darüber zerbrichst, was in seinem Kopf vorgeht; wenn du dich vor Herzschmerz schützen möchtest, dann lies die folgenden Hinweise, die dir Aufschluss darüber geben können, ob er dich wirklich vermisst.

Was bedeutet es wirklich, wenn ein Typ sagt, dass er dich vermisst?

1. Er schreibt dir.

Fakt ist, er will mit dir reden. Vielleicht fühlt er sich einsam und möchte in deiner Nähe sein. Es ist nicht so leicht, zu beurteilen, ob er dir schreibt, weil er etwas von dir will oder weil er dich wirklich vermisst und mit dir zusammen sein möchte. Das kannst du leicht herausfinden, und zwar durch die Art und Weise, wie er dir schreibt, und wie er darauf reagiert, wenn du ihm nicht zurückschreibst.

Mache einen kleinen Test und versuche, seine Nachricht für ein paar Stunden zu ignorieren. Dann schau, was passiert. Wenn er falsche Absichten hat, wird er sich wahrscheinlich nicht die Mühe machen, dir noch einmal zu schreiben. Er wird dein Schweigen als negative Antwort interpretieren. Aber wenn er dir wieder schreibt und sich Sorgen macht, weil du nicht geantwortet hast, dann hast du ihn an der Angel. Er würde auch gerne wissen, ob du ihn vermisst. Er wird alles tun, um mit dir in Kontakt zu bleiben, weil er dich wie verrückt vermisst.

2. Er sagt dir in aller Öffentlichkeit, dass er dich vermisst.

Er ruft dich an und macht während des Gesprächs einen auf wichtig, weil seine Freunde oder Kollegen in der Nähe sind. Er will nicht irgendwo hingehen, wo es etwas leiser ist, um mit dir in Ruhe zu reden.

Das bedeutet wahrscheinlich, dass es ihm um etwas anderes geht. Er will, dass jeder hört, was er sagt. Er macht einen auf dicke Hose, weil er seine eigenen Unsicherheiten verbergen will.

Sei vorsichtig, du könntest nur Mittel zum Zweck sein, um sich selbst zu beweisen. Vielleicht ruft er dich nur deswegen an und sagt dir, dass er dich vermisst, weil er den anderen zeigen will, dass er eine Freundin hat und wie sehr er sie liebt. Das signalisiert dir sofort, dass es hier nicht um Liebe geht, sondern darum, dass er vor anderen gut dasteht. Das brauchst du nicht, denn so eine Liebe hält nicht lange. Nun, vielleicht tut sie es, aber nur so lange, wie es ihm passt.

3. Er kontaktiert dich über soziale Medien.

Man muss nicht unbedingt in einer Beziehung sein, um jemanden zu vermissen. Du kannst jemanden vermissen, mit dem du Schluss gemacht hast. Du kannst jemanden vermissen, der nur an dir vorbeigegangen ist. Du kannst den Kerl vermissen, der im Einkaufszentrum arbeitet, wo du deinen Laptop gekauft hast. Jemanden zu vermissen, muss nichts mit einer Beziehung zu tun haben. Wenn dich ein Typ in sozialen Medien „stalkt" und du dich nie mit ihm verabredet hast, ist er wahrscheinlich Hals über Kopf in dich verliebt und vermisst dich, weil er dich nie hatte.

Wenn dir jemand, mit dem du zusammen warst, Nachrichten in sozialen Netzwerken schickt oder auf den „Like"-Button klickt und jedes Bild kommentiert, das du postest, ist das definitiv ein Zeichen dafür, dass er dich vermisst und wahrscheinlich wieder mit dir zusammen sein will – er will dich zurück. Wenn ihr seit einiger Zeit getrennt seid und er dich immer noch kontaktiert und in deinen Social-Media-Profilen aktiv ist, ist er definitiv nicht über dich hinweg.

4. Er möchte, dass du ihm Fotos schickst.

Das ist definitiv ein Zeichen dafür, dass er dich vermisst, aber die Frage ist, auf welche Art und Weise. Es könnte verdammt pervers oder auch völlig harmlos sein. Deshalb habe ich vorhin geschrieben, dass du *sämtliche* Zeichen und ihre Bedeutung sorgfältig überprüfen musst, weil es ein schmaler Grat ist zwischen guten und schlechten Absichten bzw. zwischen dem, was du dir wünschst, und dem, was du nicht willst. So könnte es sein, dass er nur auf dich scharf ist und möchte, dass du ihm deine Bilder schickst, um sein Verlangen zu stillen.

Andererseits kann es genauso gut sein, dass er dich nach einem Bild fragt, weil er dich wirklich vermisst und er dich an seiner Seite haben möchte, wenn auch nur virtuell. Er möchte dein Gesicht sehen, weil es ihn glücklich macht. Er möchte jedes Mal an dich denken können, wenn er sein Handy in die Hand nimmt. Er will jede freie Minute nutzen, um das Gesicht anzuschauen, das er am meisten vermisst – dich.

5. Er besteht darauf, dich zu sehen.

Wenn ein Mann dich vermisst, will er dich unbedingt sehen. Er besteht wahrscheinlich darauf, dich zu sehen, und wenn ihr euch trefft, spricht er davon, dich wiederzusehen. Das ist ein eindeutiges Zeichen dafür, dass er es ernst mit dir meint. Das bedeutet, dass er sich wirklich für dich interessiert und wahrscheinlich mehr möchte. Natürlich kann er auch ganz andere Motive haben, wenn er sagt, dass er dich vermisst und dich unbedingt sehen möchte, und dich nur ausnutzen wollen.

Die einzige Möglichkeit, wie du sicher wissen kannst, welche Absichten er tatsächlich hat, ist, darauf zu warten, dass er Einsatz zeigt und etwas unternimmt, um dich zu sehen. Worte bedeuten nichts, wenn ihnen keine Taten folgen. Also, sei clever und geduldig und warte darauf, dass er dir beweist, dass er dich vermisst und dich wirklich sehen möchte.

6. Er ist eifersüchtig.

Wenn er eifersüchtig ist – aber nicht besitzergreifend! –, bedeutet dies, dass er dich wirklich vermisst. Ein Mann hat das Bedürfnis, jedem zu zeigen, dass du ihm gehörst. Er möchte, dass jeder weiß, dass du vergeben bist. Andere sollen sich besser um ihre eigenen Angelegenheiten kümmern und ihr Glück woanders suchen, weil du nur ihm gehörst. Das kann sehr nervig sein. Du könntest das Gefühl bekommen, dass er dich erstickt, aber solange sich dieses Verhalten in Grenzen hält, gibt es keinen Grund zur Sorge.

Anders verhält es sich mit Personen, die in puncto Eifersucht ein ernsthaftes Problem haben. Es gibt Männer, die anfangen werden, dich zu kontrollieren, weil sie dir nicht vertrauen. Vielleicht hat er Angst, dass du ihn verlassen wirst, also bildet er sich Dinge ein und macht aus allem ein Riesendrama. Wenn du ihn deswegen zur Rede stellst, versichert er dir, dass er dich liebt und dass er das nur tut, weil er dich vermisst. Sei vorsichtig und lass dir von niemandem deine Freiheit nehmen oder dich in irgendeiner Weise einschränken. Wenn du siehst, dass er genau das tut, dann vermisst er dich nicht – er hat ein ernsthaftes Problem.

7. Seine Freunde geben dir einen Wink.

Ihr wart in einer Beziehung und habt euch getrennt. Es ist einige Zeit vergangen und du hast schon lange nichts mehr von ihm gehört, aber eure gemeinsamen Freunde geben dir einen Wink, dass er nicht über dich hinweg ist und dass er dich vermisst. Er ist wahrscheinlich zu schüchtern, es dir selbst zu sagen, oder er will dir etwas Freiraum geben. Das ist definitiv ein wahres Zeichen dafür, dass er dich vermisst, und bedeutet, dass er dich zurückhaben will. Vielleicht ist ihm klar geworden, was für ein Idiot er war, und da er dich nicht zwingen will, mit ihm zu reden, und dich auch nicht belästigen will, solltest du vielleicht darüber nachdenken, ihm eine zweite Chance zu geben.

8. Er ruft dich an, wenn er betrunken ist.

Hierbei denken die meisten von euch wahrscheinlich, dass er nur Gelegenheitssex will. Aber wie in den meisten Fällen gibt es auch hier zwei Seiten. Ja, vielleicht schert er sich einen Dreck um dich und hat gerade Lust auf schnellen Sex, und da ist es am besten, dort zu fragen, wo man es regelmäßig bekommen hat. Es kann also durchaus sein, dass er sagt, er vermisse dich, nur um dich ins Bett zu kriegen.

Aber es besteht auch die Möglichkeit, dass er einfach nur bei dir sein will. Es ist ebenso möglich, dass er dich wirklich vermisst. Vielleicht hatte er nicht den Mut, dich anzurufen; vielleicht wusste er nicht, was er sagen soll. Du weißt, dass wir alle dummes Zeug machen, wenn wir betrunken sind, aber wir alle sind in solchen Momenten auch unglaublich mutig. Vielleicht hat er genau das gebraucht – einen kleinen

Kick, damit er dir sagen kann, dass er dich vermisst und dich immer noch liebt.

Es gibt eine Möglichkeit, um das herauszufinden, wenngleich diese Methode nicht zu hundert Prozent verlässlich ist, weil wir alle verschieden sind und es kein universales menschliches Verhaltensmuster gibt (was uns zu einzigartigen Individuen macht, das ist das Schöne daran). Aber wenn er dich nach dieser wilden Nacht frühmorgens anruft oder dir schreibt, dass er sich für sein Verhalten entschuldigen möchte, dann war er wahrscheinlich am Abend davor ehrlich und emotional. Wenn er sich nicht meldet, wollte er wahrscheinlich nur eines – Sex.

9. Er sagt einfach nur, dass er dich vermisst.

Das ist das Schönste und Ehrlichste, was ein Mann einer Frau sagen kann. Es gibt keine versteckten Motive hinter diesen drei Worten „Ich vermisse dich". Er wird es nicht theatralisch sagen. Er wird es ganz einfach sagen: „Ich vermisse dich." Und du wirst es einfach wissen, dass es so ist. Dein Bauchgefühl wird es dir sagen und du wirst spüren, dass seine Absichten ehrenhaft sind. Männer können nicht die ganze Zeit cool und gelassen bleiben; selbst diejenigen, die sich am härtesten geben, brechen manchmal unter dem inneren Druck zusammen, den die Liebe in ihnen erzeugt.

Das Entscheidende ist aber, dass du es einfach wissen wirst, dass er ehrlich ist. Du wirst es in seinen Augen sehen können. Und er wird es dir definitiv beweisen. Denn wenn dich jemand wirklich vermisst, wird er dich nicht nur mit Worten füttern, sondern es dir auch zeigen.

ANZEICHEN, DIE DARAUF HINDEUTEN, DASS ER GEGEN SEINE GEFÜHLE FÜR DICH ANKÄMPFT

Lockere Beziehungen zu führen, Spielchen zu spielen und rumzujuxen, ist für die meisten Männer ein Kinderspiel. Was für sie hingegen nicht so einfach ist, das ist, sich selbst und anderen Menschen einzugestehen, dass man wirklich echte Gefühle für jemanden entwickelt hat. Davor haben sie höllische Angst. Ob sie es nun zugeben wollen oder nicht, schon der bloße Gedanke, ihre Gefühle zu zeigen und zu riskieren, verletzt zu werden, ist für sie furchterregend.

Also kämpfen sie dagegen an, denn für die meisten von ihnen bedeutet verliebt zu sein verwundbar zu sein. Sie senden der anderen Person widersprüchliche Signale, um sich selbst „sicher“ zu fühlen. Sie lassen sich Zeit und analysieren die Situation, bevor sie den ersten Zug machen.

Wenn du das Gefühl hast, dass er in dich verliebt ist, dass ihn aber irgendetwas zurückhält, dann schau dir die folgenden 15 Anzeichen an, die darauf hindeuten, dass er gegen seine Gefühle für dich ankämpft. Sie werden dir auf jeden Fall etwas Klarheit verschaffen.

1. Er ist für eine Weile super aufmerksam, dann zieht er sich plötzlich zurück.

Normalerweise ist das eines der häufigsten Warnsignale, dass du es mit einem Playboy zu tun hast, aber in diesem Fall wird sein Rückzug nicht so dramatisch, langfristig oder destruktiv sein. Er wird dir von Zeit zu Zeit schreiben, aber nicht jeden Tag. Er wird sich wahrscheinlich mit dir anfreunden und das Ganze für eine Weile locker angehen, bis er dich besser kennengelernt hat und den Mut aufbringt, sich seinen Gefühlen zu stellen. Nur dann wird er sie mit dir teilen können.

Aber Vorsicht: Diese Phase sollte nicht allzu lange dauern. Wenn du das Gefühl hast, dass er genug Zeit hatte, seine Emotionen zu verarbeiten, und dass er dich nur hinhält, ist das kein Zeichen dafür, dass er gegen seine Gefühle für dich ankämpft. Es ist ein Zeichen dafür, dass er dich zum Narren hält.

2. Er hört dir aufmerksam zu, wenn du sprichst, und merkt sich vieles über dich.

Ihm entgeht kein einziges Wort. Er wird dich damit überraschen, sich an etwas zu erinnern, was du vor ein paar Wochen nebenbei erwähnt hast. Nicht einmal du selbst kannst dich daran erinnern. Du bist einfach nur baff.

Außerdem hat er wahrscheinlich intensive Recherchen in deinen sozialen Netzwerken durchgeführt, und selbst wenn er nicht so oft auf den Like-Button klickt, wird er mit Sicherheit den Überblick darüber behalten, wo du bist und was du so tust.

3. Seine Fragen sind äußerst persönlich.

Er möchte alles wissen, was es über dich zu wissen gibt. Neben standardmäßigen Small-Talk-Fragen wird er dir auch einige tiefgründige Fragen stellen. Er wird wissen wollen, was du von bestimmten Dingen hältst, was du magst und was nicht, wie deine früheren Beziehungen waren und so weiter. Das mag zwar nicht immer angenehm sein, aber er möchte das Risiko, verletzt zu werden, auf ein Minimum reduzieren.

4. Er gibt sich große Mühe, dich zu beeindrucken.

Er möchte, dass du nur seine Schokoladenseite siehst, und dafür wird er sich große Mühe geben. Achte darauf, ob er z. B. an seinem Aussehen etwas verändert hat oder ein neues Parfüm benutzt. Er wird auch viel über seine Stärken, seine beruflichen Erfolge und all die Dinge sprechen, auf die er stolz ist – nicht weil er damit angeben will, sondern weil er dich – bewusst oder unbewusst – beeindrucken möchte.

5. Er hat dieses (unerklärliche) Bedürfnis, sich vor dir zu rechtfertigen.

Das ist nicht krankhaft, er möchte einfach nur nicht, dass du bei gewissen Dingen den falschen Eindruck von ihm bekommst. Zum Beispiel wird er jedes Mal, wenn er über eine andere Frau in seinem Leben spricht, nachdrücklich darauf hinweisen, dass sie eine gute Freundin ist, damit du nicht denkst, dass er schon vergeben ist.

6. Er schaut dich immer wieder an.

Wahrscheinlich wirst du spüren, dass er dich anstarrt, aber sobald du dich umdrehst, wird er wegblicken. Er möchte nicht, dass es zu offensichtlich wird. (Auch deine Freunde werden sein Glotzen bemerken und dir das mitteilen.)

Wenn du aber mit ihm sprichst, wird er lange Augenkontakt halten und du wirst seine volle Aufmerksamkeit haben.

7. Seine Körpersprache spricht Bände.

Er wird versuchen, einen auf cool zu machen, aber sein Körper wird ihm nicht gehorchen. Neben dem bereits erwähnten Augenkontakt sind seine verschwitzten und zittrigen Hände die offensichtlichsten Anzeichen dafür, dass du ihn im positiven Sinne nervös machst. Auch wird er ganz nah neben dir stehen, wenn du mit ihm sprichst.

Mitten im Gespräch wird er sich unbewusst zu dir lehnen. Er wird auch keine Gelegenheit verpassen, seine Hand auf deine Schulter zu legen oder deinen Arm sanft zu berühren. Wenn er bereits etwas Mut gesammelt hat, wird er dich auf die Wange küssen oder dich jedes Mal, wenn ihr euch trefft, etwas länger als nötig umarmen.

8. Er hilft dir gerne.

Er bietet dir seine Hilfe an. So hilft er dir z. B., den Kopf frei zu bekommen, indem er dir zuhört. Oder er gibt dir praktische Ratschläge, wie z. B. die Möbel verschieben oder die Wände in einer neuen Farbe streichen. Es macht ihm nichts aus, sich die Hände schmutzig zu machen oder stundenlang dazusitzen und dir zuzuhören. Ganz egal worum es geht – er zeigt dir, dass du dich auf ihn verlassen kannst.

9. Er bewundert dich (obwohl er es nie zugeben würde).

Wenn du redest, steht die Welt für ihn still. Er schaut dich so an, als wärst du das faszinierendste Geschöpf auf Erden. Ihm ist klar, dass du eine Menge durchgemacht hast, und er bewundert dich dafür, dass du trotz allem, was passiert ist, so erfolgreich bist. Jede kleine Leistung von dir ist in seinen

Augen ein riesiger Erfolg, obwohl er das nicht direkt sagen würde. Er wird dir zuhören und ein paar subtile Komplimente machen, und das ist ein deutliches Zeichen seiner Zuneigung.

10. Er wechselt in den Verteidigungsmodus, wenn du in seiner Nähe bist.

Er witzelt zwar über dich, seine Scherze sind jedoch nie gemein oder unhöflich. Aber wenn jemand anderes das tut, gefällt ihm das gar nicht und er sagt immer etwas zu deiner Verteidigung. Auch sorgt er immer dafür, dass du gut nach Hause kommst und in Sicherheit bist. Ob er es nun zugeben will oder nicht, er kümmert sich um dich, und das bestätigt nur, dass er gegen seine Gefühle ankämpft.

11. Er ist leicht eifersüchtig.

Es gefällt ihm nicht wirklich, wenn du mit anderen Männern unterwegs bist. Das liegt vor allem daran, dass er bezüglich seiner Gefühle bisher nichts unternommen hat und nun Angst hat, ein anderer könnte ihn aus dem Spiel werfen. Deshalb wird sein Gesicht ganz blass werden, wenn andere Männer in deiner Nähe sind, und er wird sich seltsam verhalten. Er fühlt sich offensichtlich unwohl und ist eifersüchtig. Später wird er dir wahrscheinlich einige Fragen stellen, um zu sehen, ob du mit diesen Männern etwas am Laufen hast.

12. Er ist rücksichtsvoll.

Bedachtsamkcit ist eines der häufigsten Anzeichen dafür, dass er gegen seine Gefühle für dich ankämpft. Wie ich bereits erwähnt habe, möchte er sich dir von seiner besten Seite präsentieren, und deshalb wird er sich wahrscheinlich wie ein perfekter Gentleman verhalten. Er wird dir die Tür aufhalten. Er wird dich als Erste bestellen lassen. Er wird dich vielleicht nicht mit teuren Geschenken überschütten, aber alles, was er dir schenkt, wird von Herzen kommen. Es muss nicht unbedingt etwas Großes sein – wenn er dir auch nur deine Lieblingsschokolade mitbringt, ist das mehr als genug Beweis für sein echtes Interesse an dir.

13. Er erzählt dir persönliche Dinge von sich.

Die meisten Männer öffnen sich nicht so leicht, aber wenn er sich dir anvertraut hat, betrachtet er dich als jemanden, dem er vertrauen kann, und das ist immer ein sehr gutes Zeichen. Man kann mit jedem plaudern, aber über Privates spricht man nur mit Menschen, die einem nahestehen. Er wird deine Meinung zu aktuellen Geschehnissen oder zu seinen Zukunftsplänen hören wollen. Alles in allem wird er dieses unerklärliche Bedürfnis haben, dich bei jeder Gelegenheit über alles zu informieren.

14. Er hat seine distanzierten Phasen.

Das ist eines der schmerzhaftesten Zeichen dafür, dass er gegen seine Gefühle für dich ankämpft. Vielleicht ist er sich nicht einmal bewusst, dass er gegen sie ankämpft. Und obwohl es ihm schwerfällt, alles zu verarbeiten und zwischen dem, was er denkt, und dem, was er fühlt, zu rationalisieren, wird es für dich wahrscheinlich noch schwieriger sein, weil du das Gefühl haben wirst, dass er mit dir spielt. Vertraue auf deine Intuition. Tut er das absichtlich oder ficht er mit sich einen inneren Kampf aus?

15. Die sexuelle Spannung zwischen euch ist unbestreitbar.

Jedes Mal, wenn er dich sieht, gehen seine Mundwinkel unwillkürlich nach oben. Er betrachtet dich von Kopf bis Fuß und ist immer wieder verblüfft, wie heiß du aussiehst.

Vielleicht rutscht ihm sogar die eine oder andere anzügliche Bemerkung heraus; damit befreit er sich von seiner angestauten sexuellen Spannung. Alles in allem ist die Anziehungskraft zwischen euch beiden etwas, was schwer zu beschreiben und doch ganz eindeutig zu spüren ist.

Das Wichtigste, was du beachten musst, wenn du verstehen möchtest, warum er gegen seine Gefühle für dich ankämpft, ist, dass Männer und Frauen unterschiedlich empfinden. Das bedeutet nicht, dass Männer keine Gefühle haben; es bedeutet nur, dass sie anders funktionieren. Sie werden sich in erster Linie auf ihren Verstand verlassen und alles rationalisieren, indem sie ihre Gefühle beiseiteschieben, wohingegen Frauen eher ihrem Herzen folgen. Aus diesem Grund haben Männer und Frauen oft Schwierigkeiten miteinander.

Wenn er gegen seine Gefühle ankämpft, dann lass ihm Zeit, sie zu verarbeiten. Er ficht einen inneren Kampf mit sich selbst aus und er muss diesen Kampf allein durchstehen. Er muss seine verborgenen Ängste vor Ablehnung und Schmerz überwinden. Wenn er das schafft, wird er sich bestimmt einen Platz in deinem Leben verdienen. Wenn nicht, dann musst du ihn aufgeben, weil du seine Kämpfe nicht für ihn austragen kannst.

ANZEICHEN, DASS ER ANGST HAT, DIR SEINE GEFÜHLE ZU ZEIGEN

Wenn du nach Hinweisen suchst, dass ein Mann in dich verliebt ist, gehst du wahrscheinlich davon aus, dass er dir direkte Signale bezüglich seiner Gefühle senden wird.

Das muss jedoch nicht bei jedem Mann der Fall sein. Es gibt Männer, die sich in eine Frau verlieben, aber Angst davor haben, dies zu zeigen. Deshalb versuchen sie, gegen ihre Gefühle anzukämpfen. Dafür gibt es 5 Zeichen.

1. Er sendet dir widersprüchliche Signale.

Eines der schlimmsten Dinge, die du mit einem Mann erleben kannst, den du magst, ist, dass er dir widersprüchliche Signale sendet.

Es gibt Momente, in denen dieser Typ so tut, als wärst du die Liebe seines Lebens und in denen du keine Zweifel an seinen Gefühlen für dich hast. Und dann fängt er plötzlich an, so zu tun, als gäbe es dich gar nicht.

Wenn du so etwas erlebst, weißt du nicht, was du denken sollst und woran du bist.

Obwohl seine widersprüchlichen Signale mitunter tatsächlich bedeuten können, dass er nicht an dir interessiert ist oder dich nur hinhält, können diese widersprüchlichen Signale auch ein Anzeichen dafür sein, dass er in dich verliebt ist, aber Angst hat, seine Gefühle zu zeigen.

2. Er schleppt eine Menge emotionales Gepäck mit sich herum.

Die meisten Männer, die Angst davor haben, ihre Emotionen zu zeigen, haben auch Angst davor, sich ihnen zu stellen. So etwas passiert selten ohne Grund.

Wenn du diesen Mann näher kennenlernst, weißt du wahrscheinlich, dass er in der Vergangenheit verletzt wurde. Das bedeutet, dass es in seiner Vergangenheit eine Frau gab, die er sehr geliebt hat.

Aber diese Frau hat ihm großen emotionalen Schmerz zugefügt, und das hat ihn dazu gebracht, sich zu verschließen und eine emotionale Schutzmauer um sich herum aufzurichten. Er glaubt, dass jede Frau, die er in sein Leben lässt, ihn genauso verletzen wird, deshalb hat er beschlossen, dass es das Beste ist, jedes weibliche Geschöpf auf Distanz zu halten.

Dieser Mann schleppt offensichtlich viel emotionales Gepäck mit sich herum und leidet unter einem Verlassenheitstrauma, das ihn dazu bringt, sich so zu verhalten.

3. Er ist nervös in deiner Nähe.

Wenn ein Mann Angst vor seinen Gefühlen dir gegenüber hat, kann er in deiner Nähe einfach nicht entspannt sein. Dieser Typ wird seine Gefühle nicht zeigen wollen, aber er wird sie auch nicht verbergen können. Die Art und

Weise, wie er sich in deiner Nähe verhält, wird ihn verraten.

Das bedeutet, dass er jedes Mal nervös sein wird, wenn er dich sieht. Dieser Mann wird vielleicht seine Nägel kauen, seine Beine könnten zittern oder er wird mit seinen Händen spielen. Was auch immer er tut, dies alles sind Zeichen seiner Zuneigung zu dir.

Er kämpft gegen seine eigenen Gefühle an, und das fällt ihm offensichtlich schwer. Jede Zelle seines Körpers schreit danach, dir näherzukommen, aber er hat einfach Angst und seine Angst hindert ihn daran, irgendeinen Schritt zu machen.

Außerdem hat er Angst, dass du merken könntest, dass er sich in dich verliebt hat, und das ist das Letzte, was er möchte. Er muss dieses Image eines toughen Kerls unbedingt aufrechterhalten, weil er glaubt, dass er sich nur so schützen kann.

In Wirklichkeit tut er jedoch das genaue Gegenteil, denn er hat offensichtlich keine Kontrolle über sein nervöses Verhalten. Natürlich kann er nicht entspannt sein, wenn er mit sich selbst kämpft, aber das allein zeigt dir schon die Stärke seiner Emotionen.

4. Seine Körpersprache spricht Bände.

Eines der ersten Dinge, die darauf hinweisen können, dass ein Mann in dich verliebt ist, aber Angst davor hat, dies zu zeigen, ist seine Körpersprache.

Es gibt bestimmte Dinge, die wir kontrollieren können, und dazu gehören auch unsere Worte. Nein, dieser Typ hat nie mit dir über seine Gefühle gesprochen, aber seine Augen und seine Körpersprache signalisieren dir, was wirklich los ist.

Egal wie sehr er versucht, seine Gefühle zu verbergen, sein Körper spricht eindeutig eine andere Sprache, wenn er in deiner Nähe ist.

Das Erste, was ihn verrät, sind seine Augen. Er kann nicht anders, als dich anzustarren. Doch jedes Mal, wenn du es bemerkst und ihn anschaust, schaut er schnell weg.

Jedes Mal, wenn ihr beide zusammen seid, ist er irgendwie in deiner Nähe. Es ist offensichtlich, dass er den unkontrollierbaren Drang hat, deine Haut zu spüren und dich in irgendeiner Weise zu berühren – trotz der Tatsache, dass sein Verstand versucht, sich vor dir fernzuhalten.

5. Er ist eifersüchtig und hat das Bedürfnis, dich zu beschützen.

Wenn ein Mann Angst davor hat, sich in dich zu verlieben, wird er dir nichts von seinen Gefühlen erzählen. Gleichzeitig wird er jedoch eifersüchtig sein und dich beschützen wollen, und das sind Verhaltensweisen, die nicht auftreten würden, wenn er keine starken Gefühle für dich hätte.

Natürlich wird er dir seine Eifersucht nicht direkt mitteilen, aber du wirst sie definitiv spüren. Er wird so tun, als wäre kein anderer Mann gut genug für dich, und er wird sich ständig Sorgen machen, dass dich jemand verletzen könnte, und das ist ein eindeutiges Zeichen für seine Gefühle für dich.

6

ER IST, WER ER IST

Du kannst dich nicht auf einen unreifen Mann einlassen. Du kannst ihn nicht auf wundersame Weise in etwas verwandeln, was er nicht ist. Glaub mir, die DNS ist ein Miststück und du kannst einfach nicht erwarten, dass er sich allzu weit von seinem ursprünglichen Selbst entfernt. Obwohl er beschließen und sich bemühen kann, anders zu werden, wird in dem Moment, in dem er sich ein wenig entspannt und anfängt, aus seinem Instinkt heraus zu handeln, sein altes Selbst zurückkommen und lauthals rufen: „Haaaaaallooooo, ich bin wieder daaaa!"

Muss ich an dieser Stelle erwähnen, dass dein Herz jedes Mal ein bisschen brechen wird, wenn das passiert? Am Ende wirst immer du diejenige sein, die verletzt ist. Warum das so ist? – Weil du dich auf den Falschen eingelassen hast! Wenn du verliebt bist, bist du völlig geblendet, sodass dein Urteilsvermögen beeinträchtigt ist und du nicht merkst, dass du dich in einen Mann verliebt hast, der einfach nicht der Richtige für dich ist.

Du hast dich in einen Mann verliebt, der fremdgeht. Du

hast dich in einen Mann verliebt, der immer noch ein Muttersöhnchen ist. Du hast dich in einen Mann verliebt, der dir das Gefühl gibt, dass du nicht gut genug bist.

Ich weiß, was du jetzt denkst: „Wie kann ich so etwas rechtzeitig verhindern, um mich selbst zu schützen?" Nun, diese Frage haben sich schon viele Frauen gestellt. Wenn du dich gerade in einer solchen Situation befindest, dann bist du bei mir genau an der richtigen Adresse.

Ich habe vielleicht nicht auf alles eine Antwort, aber auf diese Frage habe ich definitiv die Antwort! Du erinnerst dich, wie der Titel dieses Kapitels lautet? – „Er ist, wer er ist." GENAU! Er ist, wer er ist! Um mit etwas arbeiten zu können, muss man über ein bestimmtes Rohmaterial verfügen. Man muss z. B. das richtige Material haben, um ein Kleid genau nach den eigenen Vorstellungen zu schneidern, nicht wahr?

Also brauchst du einen Mann, der das Potenzial hat, dein „Jackpot-Freund" zu werden. Du kannst nicht einfach mit einem x-beliebigen „Material" zu arbeiten anfangen.

Da du dieses Buch bereits bis hierher gelesen hast, bin ich zuversichtlich, dass dir das nicht passieren wird, vor allem wenn du alle Ratschläge, die ich dir gegeben habe, befolgt hast. Im besten Fall hast du dich für einen Mann entschieden, der perfekt zu dir passt. Wenn nicht, dass lies aufmerksam das folgende Kapitel!

DU MUSST DICH NICHT ÄNDERN – DU MUSST EINFACH NUR AUFHÖREN, ARSCHLÖCHER ZU DATEN

Wir haben alle einen bestimmten Typ. Ob wir es zugeben wollen oder nicht, irgendwie fühlen wir uns jedes Mal zu derselben Art von Mann hingezogen.

Sei es ein ehrgeiziger „Hardworker", der nicht wirklich Zeit hat, eine liebevolle Beziehung mit dir zu pflegen, oder ein gut gebauter Kerl, der so aussieht, als wäre er mit diesem wunderschönen Gesicht und dem Körper eines griechischen Gottes geboren, um Herzen zu brechen.

Und dann passiert immer genau das: *Er bricht dir das Herz.*

Hast du dich jemals gefragt, warum du nach jeder Trennung immer enttäuscht von der gesamten männlichen Spezies bist, warum du dich in den Schlaf weinst, dich tagelang von Ben & Jerry's ernährst und die traurigsten Songs von Coldplays hörst?

Könnte es an der Tatsache liegen, dass du einfach unbewusst immer den Kerl auswählst, der einfach nicht der Richtige für dich ist?

Wahrscheinlich lässt du gerade deine Vergangenheit Revue passieren und erkennst in deinen früheren Beziehungen ein immer wiederkehrendes Muster. Du hast stets gedacht, dass mit dir etwas nicht stimmt, aber jetzt fängst du an zu verstehen, dass es wirklich nichts mit dir zu tun hat. Vielmehr hat es damit zu tun, dass du unbewusst nach Männern suchst, die dein Herz so schnell brechen, wie sie es erobert haben.

Jetzt ist es an der Zeit, zu begreifen, dass du diesem destruktiven Muster entgegenwirken musst. Dafür musst du erst einmal verstehen, warum es überhaupt dazu gekommen ist. Auf diese Weise wirst du dich für Männer entscheiden können, die für dich besser geeignet sind und die dir nicht das Gefühl geben, etwas an dir selbst ändern zu müssen – *außer deinen Männergeschmack.*

Frage dich einmal selbst: Warum entscheide ich mich immer für die Typen, für die ich mich entscheide? Es gibt immer einen Grund, ob offensichtlich oder nicht.

Vielleicht hat es etwas damit zu tun, wie du dich selbst siehst, und du projizierst das auf die Typen, die du datest?

Vielleicht stimmen sie mit dir auf einer tieferen Ebene überein, von der du nicht einmal weißt, dass es sie gibt, und du fühlst dich deswegen zu ihnen hingezogen?

Menschen entscheiden sich normalerweise für Dinge, mit denen sie sich vertraut fühlen, mit denen sie sofort umgehen können. Dadurch fühlen wir uns sicher, und daran ist auch gar nichts auszusetzen.

Könnte es sein, dass du jemanden suchst, der genau wie dein Vater ist, weil er die einzige männliche Figur in deinem Leben war, zu der du aufgeblickt hast? Theoretisch könnte das funktionieren, aber in der Praxis ist es viel problematischer.

Was auch immer der Grund ist, jetzt, da du dir dieses wiederkehrenden Musters bewusst bist, ist es an der Zeit, ihm entgegenzuwirken und einen Partner zu finden, nach dem du normalerweise nicht suchen würdest.

Du wirst es nie erfahren, wenn du es nicht versuchst! Es kann nur besser werden, also versuche es! Hab keine Angst vor dem Unbekannten, es könnte deine Chance sein.

Frage dich einmal selbst: Was habe ich verdient?

Ob du stumm in Gedanken mit dir sprichst oder deine Antwort mit den Lippen formst – dein innerer Dialog wird dir Aufschluss über die Art und Weise geben, wie du Männer auswählst. Du entscheidest dich für diejenigen, die dir vertraut vorkommen, für diejenigen, die am ehesten dem entsprechen, wie du denkst, sprichst und dich fühlst.

Vielleicht glaubst du ja, dass du nur einen bestimmten Typ von Mann verdient hast, was dazu führt, dass du den ungesunden Teufelskreis nicht durchbrichst und immer wieder zu demselben Typ von Mann zurückkehrst, auch wenn es immer ein anderer ist.

Es ist an der Zeit, Änderungen an deinem Dating-Verhalten vorzunehmen, bevor du endgültig mit dem falschen Mann endest.

Es ist an der Zeit, dass du aufhörst, dich wegen dieser Männer nicht gut genug und beziehungsunfähig zu fühlen, nur weil du Angst hast, eine andere Wahl zu treffen!

Komm aus deiner Komfortzone heraus und schau nach vorn!

Die Welt ist voll von Männern, die deine sein könnten. Du musst nur mutig genug sein, sie zu sehen!

WENN ER DER RICHTIGE IST, WIRD ER DIR NIEMALS DIESE DINGE ANTUN

1. Er wird dich nie dazu bringen, an seiner Treue zu zweifeln.

Wenn der Mann, mit dem du zusammen bist, absichtlich mit einer anderen Frau flirtet, um bei dir Eifersucht zu provozieren, wenn er sein Telefon versteckt, sobald eine Nachricht auf seinem Handy aufleuchtet, oder irgendwelche anderen Dinge tut, die dich denken lassen, dass er dich betrügen könnte, dann solltest du deine Zeit nicht weiter mit ihm verschwenden. Eine Beziehung ohne gegenseitiges Vertrauen kann nicht funktionieren.

Der Richtige wird dafür sorgen, dass du weißt, dass du für ihn die Einzige bist. Er wird sich nicht auf kindische Spielchen und Flirts einlassen. Er wird nicht weglaufen, wenn es verbindlicher zwischen euch wird, oder dir in irgendeiner Weise zeigen, dass er sich über seine Gefühle nicht sicher ist.

2. Er wird dich nie dazu bringen, ihm hinterherzulaufen.

Du wirst nicht mehr Blut und Wasser schwitzen müssen, um ihn glücklich zu machen.

Du wirst nicht ewig warten müssen, bis er auf eine einfache Nachricht antwortet. Du wirst ihn nicht anflehen müssen, sich Zeit für dich zu nehmen. Wenn er der Richtige für dich ist, wird er alle diese Dinge ohne jede Überlegung tun.

Er wird immer einen Weg finden, um dir zu zeigen, dass er an dich denkt.

Er wird dich anrufen, dir schreiben und immer pünktlich zur vereinbarten Zeit da sein. Er wird dir entgegenkommen und deinen Bemühungen etwas Gleichwertiges entgegensetzen. Du wirst immer zu ihm laufen, nicht hinter ihm her, und das wird den entscheidenden Unterschied machen.

3. Er wird nicht jedes Mal erstarren, wenn du anfängst, über die Zukunft zu reden.

Ein Typ, der anfängt zu murmeln, wenn du über eure Zukunftspläne sprichst, und jedes Mal das Thema wechselt, ist einfach nicht bereit für eine ernsthafte und verbindliche Beziehung.

Es muss nicht unbedingt etwas so Ernstes sein wie zusammenzuziehen, Kinder zu bekommen oder zu heiraten, vor allem nicht in einem frühen Stadium eurer Beziehung. Allerdings sollte er zumindest seinen Urlaub mit dir planen oder ein bestimmtes Event in ein paar Monaten oder in einem Jahr. Wenn er das tut, bedeutet dies, dass er sich auf einer unterbewussten Ebene seine Zukunft nicht ohne dich vorstellen kann. Es sind diese kleinen Dinge, die den Richtigen von jemandem unterscheiden, der dich nur hinhält.

4. Er wird dich nie verurteilen.

Er wird zuhören, um zu verstehen, nicht nur um zu antworten. Er respektiert deine Vergangenheit und deine Gegenwart. Er würde niemals deine Fehler aus der Vergangenheit zur Sprache bringen, um dich zu verletzen oder zu verunsichern.

Er tut viel lieber alles in seiner Macht Stehende, um dir zu zeigen, wie wunderbar du bist, und er gibt dir zu verstehen, dass wir alle unsere Fehler haben und dass dies menschlich ist.

Der Richtige wird dich für deine Stärken loben und deine Schwächen akzeptieren, denn er weiß, dass du mit seinen Stärken und Schwächen ebenso umgehen wirst. Er weiß, dass er nicht perfekt ist, und deswegen wird er auch dich nicht unter Druck setzen.

5. Er wird niemals Versprechungen machen, die er nicht einhalten kann.

Beständigkeit ist eine seiner wertvollsten Eigenschaften.

Er wird dir zeigen wollen, dass du ihm vertrauen kannst und dass er ein Mann ist, auf den du dich verlassen kannst. Er wird nie in letzter Minute absagen, es sei denn, eine höhere Macht hält ihn auf.

Er wird nicht heute das eine sagen und es am nächsten Tag zurücknehmen. Er wird nicht um den heißen Brei herumreden, um zum Punkt zu kommen – er wird direkt sein.

Du wirst nie an ihm zweifeln müssen, und selbst wenn er manchmal bei irgendetwas scheitert, wirst du wissen, dass er sein Bestes gegeben hat.

6. Er wird nie ohne guten Grund einen Streit beginnen.

Es gibt Männer da draußen, die Streit als Kommunikationsmittel nutzen. Sie werden aus dem Nichts einen Streit vom Zaun brechen, und zwar jedes Mal, wenn etwas nicht nach ihren Vorstellungen läuft. Das ist nur noch ein weiteres großes Warnzeichen emotionaler Unreife.

Der Richtige wird wissen, dass Konflikte manchmal unvermeidlich sind, aber er wird niemals zulassen, dass sie euch auseinanderbringen.

Es geht nicht darum, wer gewinnt oder verliert. Es geht darum, eine gemeinsame Basis zu finden – wenn nicht sofort, dann spätestens nachdem ihr euch beide etwas beruhigt habt.

Sich hin und wieder zu streiten, kann zur Entwicklung und zum Wachstum einer Beziehung beitragen. Aber wenn eure Streitereien fast schon Alltag geworden sind, dann bist du in einer schlechten Beziehung, die dich im Handumdrehen emotional auslaugen wird.

7. Du wirst dich nie allein gelassen fühlen.

Es gibt Beziehungen, in denen man sich einsamer fühlen kann, als wenn man allein wäre. Es gibt Männer, die sich nicht darum scheren, dass nur du diejenige bist, die sich mit viel Mühe für die Beziehung engagiert und alles daransetzt, damit sie funktioniert. Sie kümmern sich lediglich um ihre eigenen Bedürfnisse; wenn ihnen die Umstände nicht mehr passen, sind sie weg vom Fenster.

Der Richtige wird nicht verschwinden – egal was passiert.

Du wirst dich in seinen Armen sicher und geborgen fühlen. Wenn es nichts gibt, was er tun kann, um dir zu helfen, wird er dir zumindest zuhören.

Er wird der Erste sein, den du anrufst, wenn etwas Gutes oder Schlechtes passiert, und er wird immer für dich da sein. Er wird dein Glück mit dir feiern und dich an deinen trüben Tagen trösten. Genau das macht ihn zu dem Richtigen.

WENN ER ALLE DIESE DINGE TUT, WIRD ER DICH NIEMALS BETRÜGEN

Menschen verändern sich im Laufe der Zeit. Sie erleben alles Mögliche in ihrem Leben, und das hat Konsequenzen. So kannst du nie wirklich hundertprozentig sicher sein, dass dein Partner dich niemals betrügen wird.

Denke nur daran, wie viele Geschichten du schon gehört hast über scheinbar unzertrennliche Paare, die sich dann doch getrennt haben. Das war ein Schock für dich. Er hat sie betrogen – und du hast immer gedacht, ihre Liebe wäre genau das, was sich jeder wünscht.

Du kannst also nie hundertprozentig sicher sein, dass er dich nicht betrügen wird.

Trotz der Geschichten, die du gehört hast, möchtest du natürlich glauben, dass dein Mann dir das nie antun wird. Und in den meisten Fällen hast du recht. Wenn er dich wirklich liebt, wird er dir jeden Tag beweisen, wie wichtig du ihm bist.

Dennoch können wir nichts gegen die Unsicherheit tun, die von Zeit zu Zeit in uns aufkeimt. Um diese Unsicherheit für immer zu bezwingen, lies die folgenden Zeichen, an denen du erkennst, dass dein Mann dich nie betrügen wird.

1. Er hat absolutes Vertrauen in dich.

Du weißt, dass Vertrauen das Wichtigste in einer Beziehung ist. Alles, was ihr habt, baut auf Vertrauen auf. Wenn du deinem Partner nicht vertraust, wird eure Beziehung wahrscheinlich bald ein Ende finden, da ein Mangel an Vertrauen eine ganze Reihe anderer Probleme nach sich zieht wie z. B. Eifersucht u. a. m. Er weiß das und vertraut dir. Er liebt dich so sehr, dass er seinen Versprechen nachkommen wird. Er weiß, dass du dein Wort nie brechen wirst und dass du jedes Mal tun wirst, was du gesagt hast.

Er wird deinen Entscheidungen vertrauen, selbst wenn er nicht mit dir einverstanden ist. Er wird es dir wahrscheinlich sagen, wenn er denkt, dass etwas keine gute Idee ist, aber er wird es dich trotzdem tun lassen, weil er irgendwo tief in seinem Inneren weiß, dass du einen guten Grund dafür hast. Er vertraut dir so sehr, weil er weiß, dass du nicht zulassen wirst, dass das, was ihr habt, zerstört wird.

2. Er ist absolut ehrlich.

Es gibt keine Geheimnisse in eurer Beziehung, zumindest keine großen. Nun, jeder hat seine kleinen Geheimnisse, aber solange sie keinen Einfluss auf eure Beziehung haben, sind sie unbedeutend. Er wird dir immer sagen, was ihm auf dem Herzen liegt, denn er weiß, dass du ihn verstehen und ihn nie für irgendetwas verurteilen wirst.

Er hat so viel Vertrauen in dich, dass er dir Dinge über sich selbst erzählen wird, die er anderen Menschen nicht anvertraut. Das ist ein weiteres Zeichen dafür, dass er wirklich nicht vorhat, dich zu betrügen, weil er fest davon überzeugt ist, dass eure Beziehung von Dauer sein wird; andernfalls hätte er dir nicht fast alles über sich erzählt.

3. Er steht immer hinter dir.

Er möchte ein Teil deines Lebens sein und so viel wie möglich daran teilhaben, ohne dabei anhänglich zu wirken. Bei allem, was du tust, wird er dir seine Unterstützung zusichern, und er wird für dich da sein, wenn du wirklich jemanden brauchst, auf den du dich verlassen musst. Das bedeutet nicht, dass er sich in dein Leben einmischen wird. Ihm ist trotzdem klar, dass deine Entscheidungen allein deine Sache sind, und er wird das respektieren. Wenn du aber einen Fehler machst, wird er dir niemals sagen: „Ich hab's dir ja gesagt!" Stattdessen wird er dir helfen, aus dem, was auch immer passiert ist, als stärkerer und besserer Mensch hervorzugehen.

Er wird dich dabei unterstützen, aus deinen Fehlern zu lernen, weil er dich respektiert und liebt. Wenn er mit dir nicht einverstanden ist, wird er nicht versuchen, dich zu überreden, etwas anderes zu denken oder zu tun – er wird für dich da sein, wenn du Fehler machst; und wenn du fällst, wird er dir helfen, wieder aufzustehen.

4. Du kannst ihm alles erzählen.

Zwischen euch gibt es nichts, worüber ihr nicht reden könnt. Wenn ihr allein seid, wisst ihr beide, dass ihr euch in einer sicheren Zone befindet und dass ihr euch gegenseitig alles erzählen könnt. Er wird alles, was er hat, in eure Beziehung investieren, weil er weiß, dass eurer Beziehung keine Grenzen gesetzt sind. Er weiß, dass er seine Gefühle mit dir teilen kann und dass du ihn immer verstehen und nie verurteilen wirst.

5. Er respektiert dich.

Er respektiert deine Ansichten. Er wird dich nie mitten in einem Satz unterbrechen und deine Ausführungen für dich beenden. Er weiß, dass du eine intelligente Person bist, die sich sehr gut selbst ausdrücken kann. Er vermittelt dir, dass deine Stimme wichtig ist, gehört zu werden. Und in diesem Sinne wird er dir umso mehr Gründe geben, deine Meinung zu äußern und nie Angst davor zu haben, zu sagen, was du denkst.

Er zeigt dir seinen Respekt, indem er bei seinen Freunden über dich spricht und bei jeder Gelegenheit mit dir „prahlt". Er ist stolz darauf, was für ein Mensch du bist und was du in deinem Leben erreicht hast. Er wird dich nie unterschätzen oder vor jemandem runtermachen.

6. Er hat mit seiner Vergangenheit abgeschlossen.

Es gibt keine alten Liebschaften in seinem Leben, denn du bist die Frau, die er haben will, und er ist glücklich und dankbar, dass er dich hat. Deshalb ist es ihm auch nicht schwergefallen, jede Flamme, die er einmal hatte, zu löschen. Er hat seine Vergangenheit in der Vergangenheit gelassen und konzentriert sich auf die schöne Gegenwart mit dir und auf eine noch schönere Zukunft. Er würde das nie aufs Spiel setzen.

Es ist nicht einfach, der sexuellen Spannung mit einem ehemaligen Partner zu widerstehen, und es ist immer einfacher, zu jemandem zurückzukehren, den man bereits kennt. Er ist jedoch mutig genug, es mit dir zu „riskieren" und jede Frau aus seiner Vergangenheit für immer zu streichen.

EIN ERWACHSENER MANN WIRD NIEMALS DIESE DINGE TUN

Erwachsene Männer sind in letzter Zeit rar, wie es scheint. Wohin man auch schaut – lauter Muttersöhnchen, die nicht in der Lage sind, einer Frau das zu bieten, was sie braucht.

Es gibt aber auch Männer, die wissen, wie man eine Frau behandelt und wie man ihr das Gefühl gibt, etwas Besonderes zu sein. Diese Männer sind das, was man als einen „erwachsenen Mann" bezeichnen würde, und es gibt sie tatsächlich – Gott sei Dank!

Sie unterscheiden sich von unreifen Männern in vielerlei Hinsicht, deshalb möchte ich dir zeigen, was ein erwachsener Mann niemals tun würde. Ein unreifer Mann tut diese Dinge wahrscheinlich täglich.

1. Ein erwachsener Mann wird dich niemals betrügen.

Ein erwachsener Mann möchte nicht die Liebe seines Lebens wegen einer Nacht mit einer anderen Frau aufs Spiel setzen.

Er weiß, was er an dir hat, und es kommt für ihn nicht

infrage, dich zu betrügen. Falls er irgendwann aufhört, dich zu lieben, oder sieht, dass es zwischen euch beiden keine Anziehungskraft mehr gibt, wird er dir das sagen, aber er wird dich niemals betrügen. Er würde dir niemals etwas antun, was er selbst nicht erleben möchte.

2. Ein erwachsener Mann wird vor Problemen nicht davonlaufen.

Er weiß, dass Probleme ein Teil jeder Beziehung sind, und er wird sich jedem von ihnen stellen.

Sich mit diesen Problemen auseinanderzusetzen, wird ihn stärker machen, und er wird lernen, wie er sich in schwierigen Situationen verhalten soll. Wenn ihr Probleme gemeinsam löst, wird eure Beziehung dadurch nur noch stärker, und es gibt nichts, was euch auseinanderbringen könnte.

Ein erwachsener Mann wird nicht ausflippen, weil etwas Schlimmes passiert ist, sondern dich beruhigen und versuchen, jedes Problem so gut wie möglich zu lösen.

3. Ein erwachsener Mann wird dich niemals vernachlässigen.

Wenn du einen erwachsenen Mann an deiner Seite hast, wirst du niemals an deinem Selbstwert zweifeln. Er wird dich immer an erste Stelle setzen, weil er weiß, wie einzigartig du bist.

Er wird dir immer zeigen, wie sehr er dich liebt und wie viel du ihm bedeutest. Er ist ein Mann, der weiß, wie man eine Frau schätzt.

Er wird dich dafür bewundern, dass du alles getan hast, damit das Ganze zwischen euch beiden gut funktioniert.

Er wird dankbar dafür sein, dass du eure Kinder zur Welt gebracht hast. Er wird dich respektieren und dich nie absichtlich verletzen.

4. Ein erwachsener Mann wird dich niemals missbrauchen.

Egal ob es sich um emotionalen oder körperlichen Missbrauch handelt, dein Mann wird dir so etwas nie antun. Er weiß, dass jeder Mann, der seine Frau schlägt, ein Feigling ist, und er will das nicht tun.

Wenn er nicht mit dir zusammen sein kann, wird er dich verlassen, aber er wird dich niemals missbrauchen, weil er Frauen generell respektiert. Er würde einer Frau niemals absichtlich Schmerz zufügen oder zulassen, dass dies durch andere geschieht.

5. Ein erwachsener Mann wird keine Angst vor Veränderungen haben.

Er weiß, dass nicht immer alles gleich sein kann und dass sich manche Dinge irgendwann ändern werden. Deshalb hat er keine Angst vor Veränderungen, denn das ist etwas, was er nicht beeinflussen kann.

Er lebt einfach sein Leben und lässt den Dingen ihren natürlichen Lauf. Wenn etwas Schlimmes passiert, wird er versuchen, es wieder in Ordnung zu bringen, und wenn etwas Schönes passiert, wird er es mit den Menschen genießen, die er am meisten liebt.

6. Ein erwachsener Mann wird nie aufgeben, ohne gekämpft zu haben.

Wenn ein erwachsener Mann vor einem Problem steht, wird er nicht einfach so aufgeben. Er wird für seine Rechte kämpfen, und er wird immer wissen, wie er für sich selbst einstehen kann.

Wenn es irgendwelche Liebesprobleme gibt, wird er alles in seiner Macht Stehende tun, damit alles funktioniert. Er ist kein Drückeberger, und er ist ziemlich hartnäckig, wenn es um seine Ziele geht.

Wenn du also einen solchen Partner hast, kannst du sicher sein, dass er nie aufgeben wird, ohne gekämpft zu haben.

Und wenn er für dich kämpfen muss, wird er es bis zu seinem letzten Atemzug tun.

7. Ein erwachsener Mann wird dich nie missachten.

Wenn du in einer Beziehung mit einem erwachsenen Mann bist, wirst du dich nie missachtet fühlen, weil er so etwas generell nicht tut.

Er weiß, dass Respekt und Liebe Hand in Hand gehen und dass es unmöglich ist, dir das eine ohne das andere zu geben.

Er respektiert alle Frauen, vor allem aber diejenige, die er mehr liebt als sich selbst. In einer Beziehung mit ihm wirst du all seine Liebe und Aufmerksamkeit bekommen und du wirst nie das Gefühl haben, dass eine andere Frau dir das wegnehmen könnte.

8. Ein erwachsener Mann wird dir nie das Gefühl geben, unattraktiv zu sein.

Er weiß, dass sich jede Frau verändert und dass du dich auch ändern wirst. Aber ein paar Pfunde mehr oder einige Falten in deinem Gesicht werden dich nicht weniger begehrenswert für ihn machen.

Im Grunde wird er die Art und Weise lieben, wie du mit ihm alt wirst, und er wird stolz sein, dass er die Chance hat, bei dir zu sein und diese Veränderung mitzuerleben. Er wird jede Unvollkommenheit an dir schätzen, weil sie dich so perfekt für ihn macht.

7

ENDLICH – DER JACKPOT WIRD GEKNACKT!

So, nun wird der Jackpot geknackt! Bist du bereit?

Gleich wirst du lesen, wie sich ein Mann, dem du wirklich etwas bedeutest, verhalten sollte. Du wirst über diese seltene „Spezies" jener Männer lesen, die ihre Frauen so behandeln, wie diese es verdient haben. Du wirst über all die Dinge lesen, die du von deinem Jackpot-Freund bekommen wirst, ohne ihn überhaupt darum bitten zu müssen.

Am Ende wirst du sehen, dass der richtige Mann dir nicht nur alles geben wird, was du verdient hast, sondern dich überdies motivieren wird, dich selbst zu schätzen. Er wird dich dazu anregen, deine eigenen Ziele zu verwirklichen; er wird dir zeigen, dass deine Träume nicht zu groß für dich sind. Er wird dir Flügel verleihen und dich dazu bringen, so hoch wie möglich zu fliegen. Und wenn du fällst? Dann wird er sofort da sein, um dich aufzufangen.

Ich weiß, dass sich das alles irgendwie surreal anhört, und ich bin mir ziemlich sicher, dass du wahrscheinlich an der

Existenz eines solchen Mannes zweifelst, aber weißt du was? Du wirst es nie wissen, wenn du es nicht versuchst.

Mache einfach alles so, wie ich es dir gesagt habe. Gehe ein Risiko ein und schau, was passiert. Das habe ich getan und sieh mich jetzt an: Ich bin mit meinem Jackpot glücklich! Wer sagt also, dass du mit deinem nicht glücklich werden kannst?

DU WIRST EINE „JACKPOT"-BEZIEHUNG MIT JEMANDEM HABEN, DER DIESE DINGE TUT

1. Er wird alles für dich tun.

Es gibt nichts, was er nicht für dich tun würde. Er wird in sein Auto steigen und dich kilometerweit irgendwohin zu fahren, nur weil du in deinem Lieblingsrestaurant essen möchtest.

Er wird alles stehen und liegen lassen und zu dir kommen, wenn er sieht, dass du ihn brauchst. Er wird definitiv dafür sorgen, dass du glücklich bist, und er wird dafür verantwortlich sein wollen.

2. Sein Vertrauen wird grenzenlos sein.

Schließlich ist Vertrauen das Wichtigste in einer Beziehung. Es ist das Fundament, auf dem eine Beziehung aufgebaut wird. Er weiß, dass du vertrauenswürdig bist, und er wird niemals an dir zweifeln.

Wenn er mit dir in irgendeiner Sache nicht einverstanden ist, wird er mit dir reden, weil er glaubt, dass ihr beide erwachsen genug seid, um einen gemeinsamen Konsens zu finden.

3. Er wird dir all seine Aufmerksamkeit schenken.

Wenn du etwas zu sagen hast, wird er dir seine volle Aufmerksamkeit schenken. Er wird nie so tun, als würde er zuhören, während er etwas ganz anderes macht.

Er wird dir in die Augen schauen, wenn du redest, und er wird alles tun, um eine Lösung für dein Problem zu finden, weil er weiß, dass du das Gleiche für ihn tun würdest.

4. Er wird dich beruhigen, wenn du wütend bist.

Er weiß, was dich nervt, und er wird es um jeden Preis vermeiden. Aber manchmal werden dich andere Leute in den Wahnsinn treiben und du wirst unter dem Druck zusammenbrechen.

Dein Jackpot-Freund wird dir den Rücken massieren, dich umarmen und dich trösten, damit du dich besser fühlst. Wenn er das tut, solltest du ihn niemals loslassen.

5. Er wird immer das Wort „wir" benutzen.

Er wird nicht immer nur in der „Ich"-Form sprechen. Was auch immer er tut und wo auch immer er hingeht, er wird dich mit einbeziehen, weil er sich für dich entschieden hat – ihr habt euch füreinander entschieden und dafür, den Rest eures Lebens gemeinsam zu verbringen.

Eure Liebe ist so stark, dass ihr nie wieder nur „ich" sagen wollt.

6. Er wird zu dir stehen.

Niemand würde je denken, dass er Single ist. Er wird stolz

auf eure Beziehung und auf dich sein, und das wird er die ganze Welt wissen lassen.

Es wird keine seltsamen Namen mehr in seiner Kontaktliste geben, da er keine Affären mehr nötig hat. Er wird für den Rest seines Lebens zu dir stehen.

7. Er wird sich um dich kümmern.

Er wird dich ins Bett bringen, wenn du Fieber hast. Er wird dir Suppe und Hustensaft bringen, wenn du nicht aufstehen kannst. Er wird dein Haar streicheln und dir schöne Geschichten erzählen, wenn du müde von der Arbeit nach Hause kommst.

Mit ihm wird dir niemals etwas fehlen.

8. Er wird stolz mit dir die Straßen entlangspazieren.

Er wird deine Hand halten, damit jeder sehen kann, dass du ihm und nur ihm allein gehörst. Er wird dich den wichtigen Menschen in seinem Leben vorstellen, seinen Eltern, seinen Freunden ...

Er wird dich in der Öffentlichkeit umarmen und küssen, weil er möchte, dass die ganze Welt weiß, wie sehr er dich liebt und dass er der glücklichste Mann auf Erden ist, weil er dich hat.

9. Er wird an dich glauben.

Er wird dir das Gefühl geben, dass alles möglich ist. Er wird dir Kraft geben, alles zu tun, was du willst, und du wirst zuversichtlich sein, weil er dir seine Unterstützung geben wird. Er wird dir zeigen, dass er an dich glaubt, und selbst wenn du scheiterst, wird er dir helfen, wieder aufzustehen und es noch einmal zu versuchen.

10. Er wird dich fördern.

Er wird dich tagtäglich fördern, damit du noch besser wirst, als du es schon bist. Durch die Beziehung mit ihm wirst du nach und nach zur besten Version von dir selbst werden, und er ist dafür verantwortlich.

Er wird dich absichtlich aus deiner Komfortzone hinausdrängen und dir helfen. Er wird niemals halbe Sachen machen, weil er weiß, dass du mehr verdient hast.

11. Er wird nie aufhören, sich um dich zu bemühen.

Egal in welcher Phase sich eure Beziehung befindet, er wird nie aufhören, sich um dich zu bemühen. Er wird ununterbrochen in eure Beziehung investieren, weil er weiß, dass du das verdient hast und dass du dir auch Mühe gibst.

Er wird eure Treffen so planen, als ob ihr euch gerade erst kennengelernt hättet. Wenn er dich anschaut, werden seine Augen so glänzen, als hätte er sich gerade erst in dich verliebt.

12. Er wird dir Komplimente machen.

Er wird dir das Gefühl geben, die heißeste und schönste Frau zu sein, egal wo ihr euch befindet. Er wird dir nicht widerstehen können und nicht seine Finger von dir lassen können.

Er wird dir sagen, wie schön du bist, wenn du im Pyjama bist. Jede Sekunde, die du mit ihm verbringst, wirst du dich einzigartig fühlen, denn für ihn bist du das.

13. Er wird keine Angst haben, dir seine verwundbare Seite zu zeigen.

Er wird nie Angst haben, dir seine Gefühle zu zeigen, weil

er von dem ganzen Macho-Kram nichts hält. Er wird sich in deiner Nähe sicher fühlen, und wenn er weinen will, wird er vor dir auch weinen.

Er wird seine Gefühle nie vor dir zurückhalten, weil er dir vertraut.

14. Er wird sich an die kleinen Dinge erinnern.

Er achtet auf die kleinen Dinge, die du sagst oder tust. Das liegt daran, dass er dir zuhört, dass er sich für das interessiert, was in deinem Leben vor sich geht, und dass er ein Teil davon sein will.

15. Er geht mit Problemen wie ein Erwachsener um.

Er wird seine Gefühle nie unterdrücken. Wann immer er wütend oder unzufrieden mit irgendetwas ist, wird er dich zur Rede stellen. Vor Konflikten wegzulaufen, wird für ihn nie eine Option sein.

Er wird dich mit Respekt behandeln und versuchen, ein erwachsenes Gespräch auf Augenhöhe mit dir zu führen.

16. Er freut sich auf eure gemeinsame Zukunft.

Er wird wahrscheinlich eine Vorstellung davon haben, wo ihr leben werdet und wie viele Kinder er mit dir haben möchte. Er ist der Mann, der dich wirklich in seinem Leben haben will, und zwar für immer.

17. Er wird dich bedingungslos lieben.

Mit ihm an deiner Seite wirst du all deine Unsicherheiten vergessen. Mit ihm wirst du dich so fühlen, wie du dich noch nie zuvor gefühlt hast. Du wirst wissen, dass du in seinen Armen für den Rest deines Lebens sicher bist. Du wirst immer jemanden haben, auf den du dich verlassen kannst. Jedes Mal, wenn du verletzt bist, wird er da sein, um dir zu helfen, damit es dir wieder besser geht.

Er wird da sein, um dein gebrochenes Herz zu heilen und um deine verwundete Seele zu streicheln. Mit ihm an deiner Seite zu heilen, ist das beste Geschenk, das du dir je wünschen kannst. Das ist bedingungslose Liebe – eine Liebe, die niemals erlischt.

WENN ER DICH WIRKLICH LIEBT, WIRST DU DIESE DINGE BEKOMMEN, OHNE DARUM BITTEN ZU MÜSSEN

Wenn du dich jemals auf Partnersuche begeben hast, hast du sicherlich erlebt, wie chaotisch und kompliziert so etwas sein kann. Viele haben keine Ahnung, was sie alles erwartet, wenn sie sich auf diese abenteuerliche Suche nach dem richtigen Partner begeben. Wenn du in der Zwischenzeit jemanden gefunden hast, der deiner würdig ist, um ihn näher kennenzulernen, fragst du dich möglicherweise trotzdem, ob er dich wirklich liebt oder nicht.

Nun, eines ist sicher – wenn ein Mann wirklich verrückt nach dir ist, gibt es nichts, was er tun könnte, um dies zu verbergen. Und obwohl er seine Emotionen nicht wird offenbaren wollen, wird er es trotzdem tun. Wenn du genau hinschaust, wirst du die Anzeichen nicht übersehen können, die beweisen, wie sehr er sich zu dir hingezogen fühlt.

Wenn er dich wirklich liebt, wirst du es an der Art und Weise erkennen können, wie er dich behandelt. Du wirst ihn um nichts bitten müssen, denn er wird dir von selbst alles geben, was du verdient hast – und noch viel mehr.

Zeit

Wenn ein Mann dich wirklich liebt, wirst du es daran erkennen, wie viel Zeit er mit dir verbringt. Ein verliebter Mann wird so viel Zeit wie möglich mit dir verbringen wollen. Er wird versuchen, so wenig Zeit wie möglich mit anderen Leuten und Dingen zu verbringen, damit er umso mehr Zeit für dich hat.

Er wird alles dafür tun, um so oft wie möglich mit dir auszugehen oder einfach nur mit dir auf der Couch zu chillen. All die Zeit, die er früher allein verbracht hat, wird er jetzt mit dir gemeinsam verbringen wollen.

Aufmerksamkeit

Wenn ein Mann dich wirklich liebt, musst du keine Spielchen spielen, um seine Aufmerksamkeit zu bekommen. Es wird für ihn selbstverständlich sein, seine ganze Aufmerksamkeit auf dich zu richten. In einem Raum voller Menschen wirst du diejenige sein, auf die er sich am meisten fokussieren wird.

Du wirst nicht stundenlang auf den Bildschirm starren und darauf warten müssen, dass er dir zurückschreibt. Und weißt du, warum? Weil er dich anrufen wird, nur um deine Stimme zu hören. Er wird dir eine SMS schicken, nur um dir zu sagen, dass er an dich denkt oder dass er dich vermisst und sich darauf freut, dich zu sehen. Du wirst all die Aufmerksamkeit bekommen, die du verdient hast – und noch mehr.

Die Nummer 1 auf seiner Prioritätenliste

Viele Frauen kämpfen darum, überhaupt auf der Liste des Mannes zu stehen, den sie mögen. So etwas wird es bei dir nicht geben. Da er dich liebt, wirst du dich nicht einmal bemühen müssen, dorthin zu gelangen, denn für ihn wird das außer Frage stehen.

Nicht nur das, er wird auch dafür sorgen, dass du weißt, wer die Nummer 1 auf seiner Prioritätenliste ist – *du* wirst es sein, und das wird er dir oft genug zeigen. Er wird sich Tag und Nacht für dich entscheiden, er wird deine Wünsche vor seine eigenen stellen, und es wird nicht nötig sein, ihn um irgendetwas zu bitten. Denn ein Mann, der eine Frau liebt, ist sich der Dinge, die sie verdient hat, vollkommen bewusst und wird sie ihr nicht vorenthalten.

Liebe

Oft passiert es, dass Paare in eine Alltagsroutine geraten und die Liebe „langweilig" wird. Aber wenn dein Mann dich wirklich liebt, wird er dafür sorgen, dass eure Liebe nie langweilig wird.

Er wird dich mit kleinen Gesten der Aufmerksamkeit überraschen und all seine Liebe auf dich richten. Er wird viel Zeit damit verbringen, darüber nachzudenken, wie er dir zeigen kann, dass er dich liebt, und er wird nicht zulassen, dass Dinge wie Alltagsroutine, der Job oder ein Streit eure Liebe beeinträchtigen. Er wird nie vergessen, dass er dich liebt. Und egal welche Turbulenzen es in eurem Leben auch geben wird, er wird immer daran denken, wie sehr er dich liebt. Und deshalb wird er immer alles in seiner Macht

Stehende tun, um alles zwischen euch in Ordnung zu bringen.

Anerkennung

Du wirst dir nie Sorgen um seine Anerkennung machen müssen, denn wenn dein Partner dich liebt, wird er deine Gefühle und Sichtweisen verstehen und dich deswegen nie verurteilen.

Anstatt dich zu verurteilen oder voreilige Schlüsse zu ziehen, bevor du deinen Satz überhaupt beendet hast, wird er versuchen, sich in deine Lage zu versetzen. Er wird wissen wollen, warum du etwas gesagt hast. Du wirst nie Angst haben müssen, missverstanden zu werden, denn er wird dir immer genug Freiraum lassen, um deine Ansichten zu erklären.

Bewunderung

Dein Mann wird sich nie von deinen Erfolgen einschüchtern lassen, denn – um ehrlich zu sein – einen echten Mann kann man überhaupt nicht einschüchtern. Wenn dein Mann auch nur ein bisschen Köpfchen hat, wird er dich für jeden deiner Erfolge loben.

Wenn er dich wirklich liebt, wird er dir sogar auf deinem Weg zum Erfolg helfen, und er wird dein größter Fan sein, sobald du ganz oben bist.

Er gibt dir Freiraum, um du selbst sein zu können

Seien wir ehrlich, wir alle haben unsere Fehler, aber der

Richtige wird sich nicht auf deine Fehler konzentrieren, sondern sich dafür entscheiden, über sie hinwegzusehen.

Wenn dein Mann dich wirklich liebt, wird er dich so akzeptieren, wie du bist. Er wird nicht versuchen, dich zu ändern, und er wird sich nicht wegen deiner kleinen Unvollkommenheiten aufregen. Er wird alles an dir lieben. Du wirst dir keine Sorgen machen müssen, ob du vor ihm dumm dastehen wirst, denn du weißt, dass er dich nicht verurteilen wird, egal was passiert. Du wirst immer genug Freiraum haben, um herumzualbern; um über Dinge zu reden, die du liebst; um dich so anzuziehen, wie du willst; und um alles zu tun, was dich glücklich macht. Denn ein Mann, der seine Frau wirklich liebt, wird sie immer glücklich sehen wollen.

SO WIRD DICH DER MANN BEHANDELN, DER GUT GENUG FÜR DICH IST

Wahrscheinlich gab es schon ein paar falsche Männer in deinem Leben.

Du bist Typen begegnet, die du mehr geliebt hast, als sie dich geliebt haben; du warst mit Typen zusammen, die dich dazu gebracht haben, an deinem Selbstwertgefühl zu zweifeln; und du bist wahrscheinlich auf ein paar Typen gestoßen, die dich oder die Dinge, die du für sie getan hast, nicht geschätzt haben.

Das gehört zum Leben dazu; manchmal muss man erst mit ein paar Falschen zusammen gewesen sein, bevor man für den Mann bereit ist, der einen mit Respekt behandelt.

Es kann auch passieren, dass das Leben dir den Mann schickt, der deiner Liebe würdig ist und der dich so behandeln würde, wie du es verdient hast, aber du verpasst ihn, weil du die Zeichen nicht wirklich deuten kannst.

Damit genau das nicht passiert, gibt es ein paar Zeichen, auf die du achten musst, wenn du den richtigen Mann nicht verpassen willst – den Mann, der dich wirklich schätzt; der

Mann, der gut genug für dich ist, um Teil deines Lebens zu sein.

1. Er wird dir als Erster schreiben.

Hier geht es nicht um irgendein Machogehabe; auch möchte ich dir nicht deine Frauenpower nehmen, aber wenn du es einem Mann wert bist, wird er keinen Raum in deinem Herzen für jemand anderen lassen.

Er wird dir als Erster schreiben und dafür sorgen, dass du immer mit einer Gutenmorgennachricht auf deinem Handy aufwachst, denn er möchte, dass sein Name das Erste ist, was du morgens siehst.

Außerdem wird er dich nie ins Bett gehen lassen, ohne dir eine gute Nacht zu wünschen, denn er möchte niemals zulassen, dass du mit der Frage einschläfst, ob er überhaupt an dich denkt.

2. Du wirst keine Angst haben, dass er dich aus heiterem Himmel abservieren wird.

Wenn ein Mann dich sehr schätzt, wird er nie etwas Respektloses tun, wie z. B. dich zu ghosten oder einfach aus heiterem Himmel zu verschwinden.

Bei einem Mann, der dich wertschätzt, wirst du immer wissen, was er für dich empfindet. Er wird dir Bescheid geben, ob oder wann sich seine Gefühle verändert haben. Er wird dir nicht nur durch kurze Antworten oder Ähnliches zeigen, dass er das Interesse verloren hat.

Er wird offen mit dir reden und versuchen, euer Problem zu lösen, anstatt wie ein erschrockener kleiner Junge wegzulaufen und sich zu verstecken.

3. Er wird dafür sorgen, dass du weißt, dass er immer für dich da ist.

Du wirst nicht zweimal überlegen müssen, ob du ihm eine SMS schreiben sollst oder besser nicht. Du wirst keine Angst mehr haben müssen, dass du ihn vielleicht erstickst, denn er wird dafür sorgen, dass du weißt, dass er es liebt, deinen Namen auf seinem Handy zu sehen.

Egal wie voll sein Terminkalender ist – für dich ist immer Platz. Du stehst auf seiner Prioritätenliste ganz oben. In seiner Freizeit wirst du immer ein Privileg innehaben.

4. Du wirst selbstverständlich einen Platz in seinem Leben und in seiner Zukunft haben.

Mit einem Mann, der deinen Wert kennt, wirst du dich nie wieder fragen müssen, welche Rolle du in seinem Leben spielst.

Du wirst dich nie wieder fragen müssen, ob er vorhat, dich zu einem Teil seines Lebens zu machen, denn er wird darüber sprechen, was ihr beide in ferner Zukunft gemeinsam tun werdet.

Das Beste daran ist, dass du nicht um diesen Platz kämpfen musst – für ihn wird es völlig logisch sein, Platz für dich zu machen. Er wird es von allein tun, weil er dich auf keinen Fall verlieren will.

5. Du wirst dich nicht fragen müssen, ob du sein Mädel oder eines seiner Mädels bist.

Möglicherweise hast du dir diese Frage in einer deiner früheren Beziehungen gestellt, doch wenn es um den Mann geht, der deinen Wert kennt, wirst du dich nie fragen müssen, ob du nur eines seiner Mädels bist. Denn er wird alles in seiner Macht Stehende tun, damit du dich einzigartig fühlst und weißt, dass du die Einzige für ihn bist.

6. Er will, dass du dich wohlfühlst, wenn du deine Gefühle zum Ausdruck bringst.

Du wirst dich weder zurückhalten müssen noch wirst du warten müssen, bis du ihm endlich sagen kannst, wie viel er dir bedeutet, denn in diesem Rennen wird er dich um Längen schlagen.

Er wird sich nicht zurückhalten, dir das zu sagen und zu zeigen, und deshalb wirst auch du dich nicht zurückhalten müssen. Genau genommen wird er sich darüber freuen, dass du dich mit deinen Gefühlen für ihn auseinandersetzt und dies zum Ausdruck bringst.

All das wird er tun, weil es ihm sehr wichtig sein wird, eine gesunde Beziehung zu dir aufzubauen. Denn er weiß, dass du die Richtige bist, und deshalb will er alles richtig mit dir machen.

7. Er wird deine Gefühle nicht unerwidert lassen.

Er wird dich nicht dazu bringen, dass du dich in ihn verliebst, ohne deine Gefühle erwidern zu wollen. Er wird dich nicht dazu bringen, ihn zu lieben, ohne dich genauso sehr lieben zu wollen.

Stattdessen wird er dafür sorgen, dass du weißt, dass er sich in dich verliebt hat, lange bevor du überhaupt daran gedacht hast, mit ihm zusammenzukommen. Und sobald du seine Gefühle erwidert hast, wird er das nicht ignorieren, sondern dich nur noch mehr wertschätzen.

8. Er wird dich allen stolz vorstellen.

Seine Freunde und seine Familie werden über dich Bescheid wissen, und nicht nur das – sie werden dich mit dem größten Respekt behandeln, weil sie dich aufgrund dessen, was er ihnen über dich erzählt hat, bewundern werden, noch bevor sie dich kennenlernen.

Außerdem wirst du dir gegenüber deinen Freunden oder deiner Familie keine Ausreden für sein schlechtes Verhalten ausdenken müssen, denn er wird mehr als glücklich sein, sie kennenzulernen und ein gutes Verhältnis zu ihnen aufzubauen, weil ihm klar ist, dass sie ein großer Teil deines Lebens sind und wie viel sie dir bedeuten.

Er wird sich niemals zwischen dich und sie stellen, also musst du dir auch darüber keine Sorgen machen.

9. Er wird dir und der Welt zeigen, dass er sich deiner sicher ist.

Wenn ein Mann dich vor allen versteckt, kannst du spüren, dass etwas nicht in Ordnung ist. Aber wenn ein Mann dich wertschätzt, wird es keine einzige Person in seinem Leben geben, die nicht über dich Bescheid wissen wird.

Nichts und niemand wird ihn davon abhalten, in aller Öffentlichkeit deine Hand zu halten oder vor der ganzen Welt seine Emotionen zu zeigen, denn er wird mehr als erfreut sein, der Welt zu demonstrieren, was für eine tolle Frau er an seiner Seite hat.

Wenn du die Richtige für ihn bist, wird er es dir zeigen. Er wird alles in seiner Macht Stehende tun, damit du dich in ihn verliebst und „Seine" wirst. Denn kein vernünftiger Mann wird es jemals zulassen, dass ihm die Frau, die er haben will, durch die Lappen geht. Er wird alles tun, was er kann, um ihr zu zeigen, dass er auch ihrer Liebe würdig ist.

EIN MANN, DEM DU ES WERT BIST, WIRD KOMMEN

Möglicherweise hattest du schon einige Typen, die dich nicht zu schätzen wussten. Sie haben nie irgendetwas geschätzt, was du für sie und eure Beziehung getan hast. Diese Männer haben weder all die Opfer geschätzt, die du für sie gebracht hast, noch haben sie versucht, deinen Bemühungen etwas Gleichwertiges entgegenzusetzen. Stattdessen haben sie sich immer nur auf die Dinge konzentriert, die sie nicht an dir mochten.

Du hast die Nase gestrichen voll von Männern, die immer versucht haben, dich herabzusetzen und über dir zu stehen. Sie haben dich beleidigt und dich auf jede erdenkliche Weise erniedrigt, weil das ihrem Ego gutgetan hat. Sie haben dich nie wie einen Menschen behandelt, sondern nur als Mittel zum Zweck benutzt, um ihr angeschlagenes Selbstwertgefühl zu reparieren.

Du hast die Nase gestrichen voll von Männern, die dich verunsichert haben. Sie haben ihre Spielchen mit dir getrieben. Sie haben dich manipuliert. Zuvor haben sie dein Selbstvertrauen zerstört, um dich zu einem geeigneten

Opfer zu machen. Sie haben mit deiner Unsicherheit und mit deinen Schwächen gespielt, ohne jemals darüber nachzudenken, wie du dich dabei fühlst.

Du hast die Nase gestrichen voll von Männern, die dich dazu gebracht haben, dich zu fragen, warum du nicht gut genug bist. Du warst für sie nie hübsch genug, nie schlau genug und nie interessant genug. Sie haben dir immer das Gefühl gegeben, dass du mit all den anderen Frauen in ihrem Leben konkurrieren musst.

Du hast die Nase gestrichen voll von Männern, die versucht haben, dich zu ändern. Keiner der Männer in deinem Leben hat dich so akzeptiert, wie du wirklich bist. Sie haben deine Sensibilität, deine Emotionen, deine Unsicherheiten und deine Ängste nicht akzeptiert. Alles, was sie wollten, war, dich so gut es ging zu kontrollieren.

Sie alle haben dich verletzt. Sie haben dein Herz und deine Seele kaputt gemacht – sie haben dich kaputt gemacht. Sie haben dir die Hoffnung genommen, jemals wahre Liebe zu erfahren, und sie haben dich dazu gebracht, das Vertrauen in jeden Menschen zu verlieren. Nun glaubst du, dass jeder Typ da draußen vorhat, dich auszunutzen und dir wehzutun. Du glaubst nicht einmal, dass es möglich ist, jemanden zu finden, der anders ist, jemanden, der dich in Ordnung bringen wird.

Aber dieser Mann wird kommen.

Es wird ein Mann kommen, der für alles, was du zu bieten hast, dankbar sein wird. Dieser Mann wird dich als Menschen schätzen. Er wird jede noch so kleine Sache schätzen, die du für ihn und zum Wohle eurer Beziehung tust. Und vor allem wird er dir beibringen, dich selbst zu schätzen.

Es wird ein Mann kommen, der dich niemals missachten wird. Wenn dieser Mann auftaucht, wird er dich nicht nur als seine Partnerin respektieren, sondern auch als Frau und als Menschen. Dieser Mann wird deine Integrität und Unabhängigkeit respektieren, ebenso wie deine Ansichten und deine Grenzen. Natürlich werdet ihr beide von Zeit zu Zeit unterschiedlicher Meinung sein, aber auch dann wird er sich nicht respektlos zeigen.

Es wird ein Mann kommen, der immer dein Partner sein wird. Dieser Mann wird wissen, was das Wort „Partner“ wirklich bedeutet. Ihr werdet immer ebenbürtig sein, und er wird nie versuchen, dich herabzusetzen. Du und er werdet ein Team sein, das Schulter an Schulter durchs Leben geht.

Es wird ein Mann kommen, bei dem du dich so fühlen wirst, als wärst du die einzige Frau auf der Welt. Er wird sehen, wie einzigartig und besonders du bist. Wenn dich dieser Mann anschaut, wirst du dich so fühlen, als wärst du die einzige Frau auf der Welt. Du wirst nie das Gefühl haben, dass du mit anderen Frauen um seine Aufmerksamkeit kämpfen musst, denn er wird immer deutlich machen, dass du seine einzige Geliebte bist.

Es wird ein Mann kommen, für den du gut genug sein wirst. Und er wird gut genug für dich sein. Er wird immer an dich glauben und dich von all deinen Unsicherheiten befreien.

Dieser Mann wird wissen, dass du nicht perfekt bist, und er wird es auch nicht von dir erwarten, weil du für ihn perfekt bist. Er wird dich mit all deinen Unvollkommenheiten lieben, weil du einfach die Richtige für ihn sein wirst.

Es wird ein Mann kommen, der dich so akzeptieren wird, wie du wirklich bist. Dieser Mann wird niemals versuchen, dich zu ändern. Stattdessen wird er dich mit all deinen Fehlern akzeptieren und dich ihretwegen sogar lieben.

Ich weiß, dass es dir – nach allem, was du durchgemacht hast – wahrscheinlich schwerfällt, das zu glauben, aber vertrau mir – es wird ein Mann kommen, dem du es wert bist. Du musst nur Geduld haben und fest genug daran glauben.

LETZTE WORTE …

Ja, genau! Sprich diese 2 letzten Sätze einmal laut in der Ich-Form aus: *„Es wird ein Mann kommen, dem ich es wert bist. Ich muss nur Geduld haben und fest genug daran glauben."*

Ich kann dir eine Menge Ratschläge geben. Ich kann dich Schritt für Schritt durch das komplexe Thema „Jackpot-Freund" hindurchführen, aber das Wichtigste ist: Du musst Geduld haben und du darfst niemals aufgeben! Verliere nie die Hoffnung. Und vergiss nicht: Wer nicht sucht, der wird auch nichts finden.

DANKESWORTE

Ein besonderes Dankeschön möchte ich meiner Familie aussprechen, die mit mir durch dick und dünn gegangen ist und mich stets unterstützt hat. Dank euch habe ich nicht aufgehört zu schreiben, als ich aufgeben wollte und in einer schwierigen Phase war. Jetzt weiß ich, dass ich nicht zu dem geworden wäre, was ich heute bin, wenn es euch nicht gäbe.

Ein herzliches Dankeschön an das Team von unglaublichen Leuten, die mit mir von ganzem Herzen an diesem Projekt gearbeitet haben. Ich möchte mich bei allen Redakteuren bedanken, die ganz genau wussten, wie sie meine Botschaft zum Ausdruck bringen können. Vielen Dank an die äußerst kreativen Grafikdesigner, die verstanden haben, was ich wollte, und die meine Träume verwirklicht haben.

Außerdem möchte ich meinem lieben Freund Magnus Lang für seine Unterstützung während des gesamten Projektes danken. Seine Hilfe war von großer Bedeutung und ich werde ihm nie genug danken können.

Zu guter Letzt ein großes Dankeschön an alle meine Fans,

die von Anfang an für mich da waren. Ihr seid meine Inspiration, das Feuer in meinem Herzen – nur wegen euch liebe ich das, was ich tue. Ohne euch wäre nichts von alldem passiert.

Ich hoffe, dass du das, wonach du suchst, finden wirst.

ÜBER DEN AUTOR

Sofia Müller, geboren am 21. Juni 1983 in Freiburg, ist Beziehungsexpertin, Lektorin und Autorin für „Ihr Weg".

Sie hatte viele toxische Beziehungen, die sie dazu inspirierten, ihre Gefühle in Worte zu fassen und somit allen Frauen zu helfen, die in ähnlichen Situationen waren oder immer noch sind.

Sie ist ein lebendiges Beispiel für jemanden, der eine toxische Beziehung überlebt. Anstatt jedoch am Boden liegen zu bleiben, hat sie sich neu erfunden und ihr Leben der Stärkung von Frauen gewidmet, um ihnen zu zeigen, dass immer ein Licht am Ende des Tunnels leuchtet.

Man muss nur mutig genug sein, darauf zuzugehen.

Printed in Poland
by Amazon Fulfillment
Poland Sp. z o.o., Wrocław

51765077R00117